COLLECTION

TYPES DE TOUS LES CORPS ET DES UNIFORMES MILITAIRES

LA RÉPUBLIQUE ET DE L'EMPIRE

PARIS. — TYP LACRAMPE ET COMP., RUE DAMIETTE, 2.

Bonaparte,
GÉNÉRAL EN CHEF DE L'ARMÉE D'ITALIE.

COLLECTION

COLLECTION

DES

TYPES DE TOUS LES CORPS

ET DES

UNIFORMES MILITAIRES

DE LA RÉPUBLIQUE ET DE L'EMPIRE

50 Planches coloriées

comprenant les Portraits

de BONAPARTE, premier Consul; de NAPOLÉON, Empereur; du prince EUGÈNE,
du Roi MURAT et du Prince J. PONIATOWSKI

d'après les dessins de M. HIPPOLYTE BELLANGÉ

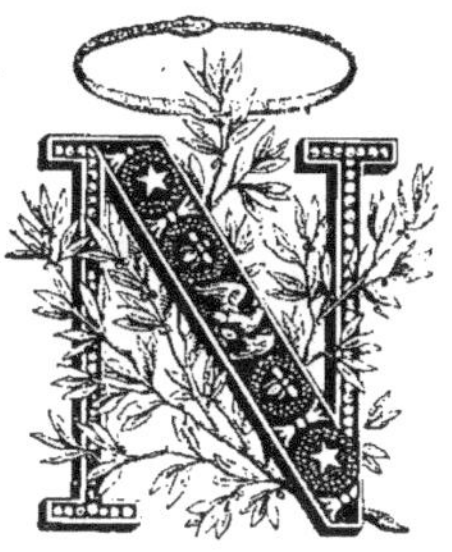

PARIS

CHEZ J.-J. DUBOCHET ET Cᵉ, ÉDITEURS

55, RUE DE SEINE

—

1844

INTRODUCTION

En 1791, l'armée reçut, par divers décrets de l'Assemblée constituante et par des ordonnances royales, l'organisation suivante :

hommes.

INFANTERIE. Quatre-vingt-deux régiments français de deux bataillons, chacun de huit compagnies de fusiliers et une de grenadiers, faisant par régiment, avec l'état-major, 1,029 hommes sur le pied de paix ; total général. 84,378

Douze régiments d'infanterie allemande, irlandaise, etc., constitués comme les Français 12,848

Un régiment de gardes suisses à quatre bataillons, conservant jusqu'à nouvel ordre la constitution de 1762. 2,250

Onze régiments suisses à deux bataillons, *idem*. 11,429

Douze corps ou bataillons d'infanterie légère de huit compagnies chacun, organisés comme l'infanterie de ligne, mais sans compagnie de grenadiers, et ne faisant par conséquent que 452 hommes. 5,414

Sept régiments d'artillerie, commandants-directeurs d'arsenaux, etc., compris 9,556

Total de l'infanterie 125,875

CAVALERIE. Deux régiments de carabiniers de quatre escadrons, chacun de deux compagnies, et de 581 hommes par régiment. . . . 1,162

Vingt-quatre régiments de cavalerie de trois escadrons et de 439 hommes 10,556

Six régiments de hussards de quatre escadrons et de 580 hommes. 5,480

Dix-huit régiments de dragons, composés comme la cavalerie. . . . 7,902

Douze régiments de chasseurs, organisés comme les hussards . . . 6,960

Total de la cavalerie 30,040
Report du total de l'infanterie 125,875

À QUOI IL FAUT AJOUTER :

hommes.

Corps du génie, (officiers sans troupe)   310
Gendarmerie nationale (qu'il convient de comprendre au nombre
des forces militaires, puisqu'elle servit par la suite avec les troupes
de ligne), vingt-huit divisions.   7,475

Total général   163,700

Cette même année 1791, l'Assemblée nationale législative décréta la levée de
cent quatre-vingts bataillons de volontaires nationaux; peu de temps après, ce
nombre fut porté à deux cent quarante, puis à trois cents et trois cent quatre-
vingts. L'effectif de ces bataillons varia de 500 à 800 hommes.

Le 21 février 1793, la Convention nationale décréta que toute l'infanterie
serait formée en demi-brigades, composées chacune d'un bataillon des anciennes
troupes de ligne et de deux bataillons de volontaires levés depuis 1791. Ces
demi-brigades furent (de 1793 à 1795) au nombre de deux cent vingt-huit,
savoir : cent quatre-vingt-dix-huit de bataille, et trente d'infanterie légère.

Il existait alors, indépendamment de ces corps, douze légions fran-
ches créées depuis 1792 ; quatre-vingt-dix bataillons isolés et cin-
quante-deux compagnies distinctes, ce qui portait l'effectif de
l'infanterie (20 novembre 1795) à.   829,228
La cavalerie se composait, à cette même époque, de deux régiments
de carabiniers, vingt-neuf régiments de cavalerie, vingt de dragons, vingt-trois de chasseurs, onze de hussards, trente-huit escadrons de légions et corps francs, formant un total de.   96,474
Les troupes d'artillerie consistaient en huit régiments à pied, huit à
cheval, un bataillon de pontonniers, quinze compagnies d'ouvriers, cent quatre-vingt-dix-huit compagnies d'artillerie des
demi-brigades, six compagnies de canonniers vétérans, quatre-
vingt-cinq compagnies de diverses créations, canonniers des légions, au total de.   43,767
Le corps du génie, resté longtemps distinct et presque séparé, hors
le temps de guerre, de toute relation militaire avec les différentes
armes de la ligne, obtint, en 1793, d'être tout à fait constitué en
troupes, en prenant sous sa direction et sous son commandement
les compagnies de mineurs et les bataillons de sapeurs, qui jusqu'alors avaient fait partie de l'artillerie. Cette organisation donna
au génie six compagnies de mineurs et neuf bataillons de sapeurs,
dont l'effectif s'éleva (de 1793 au 26 octobre 1795) à. . . . . . :   15,000

Effectif total de l'armée, de 1793 à 1795.   984,469

Non compris les troupes hors ligne, telles que garde convention-
nelle, gendarmerie, légions étrangères, cadres de discipline, corps
de marine, formant un total de 145,420 hommes.

hommes.

Sous le gouvernement directorial, ces forces se trouvèrent réduites
(du 26 octobre 1795 au 9 novembre 1799) à.   595,828
Non compris 58,600 de troupes hors ligne.

N. B. Il y eut plusieurs suppressions et réformes de corps.

Bonaparte, premier Consul, rendit aux corps d'infanterie le nom de
régiments. L'effectif de l'armée s'éleva (du mois de novembre 1799
au 18 mai 1804) à.   699,242
Non compris 127,648 de troupes hors ligne.

Sous le régime impérial, les forces militaires de la France furent
portées (y compris la garde, la gendarmerie nationale, les corps
stationnaires, les corps étrangers, les cadres de discipline et les
troupes de marine) jusqu'à   1,435,624

Outre les corps dont nous donnons les types dans cette collection, il y en eut
quelques autres qui n'eurent qu'une existence de très-courte durée, ou qui ne
faisaient pas proprement partie de l'armée nationale. Nous n'avons omis aucun
des uniformes et des corps qui ont marqué pendant la période républicaine et
impériale, et sous ce rapport la collection que nous offrons au public est aussi
complète qu'on peut le désirer.

Général républicain et son Guide.
1795.

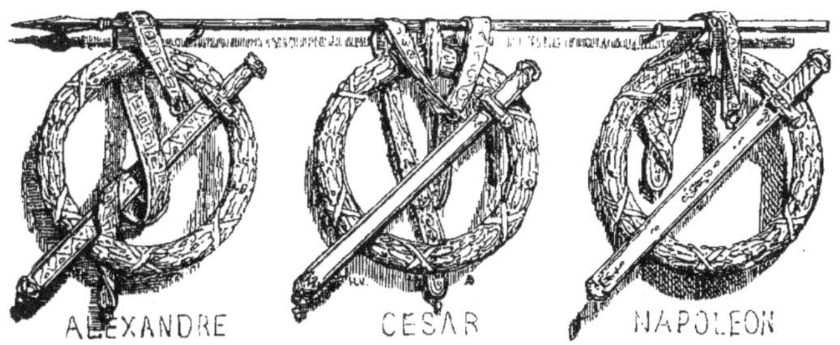

GÉNÉRAL DE BRIGADE.

GUIDES DE L'ARMÉE.

a dénomination de général de brigade, donnée à un chef ou commandant de troupes
du troisième ordre, avait remplacé, sous les
gouvernements républicain et impérial, celle
de maréchal-de-camp.

Dans l'origine, le maréchal-de-camp était
chargé de marquer l'emplacement d'un camp
pour les troupes d'une armée, quand elles devaient s'arrêter en
quelque lieu; de les ranger, d'assigner à chaque corps sa place
dans les campements, etc., etc., ce que faisaient auparavant les
maréchaux de France sous le connétable.

1

Dès le temps de François I", il y avait dans les armées des officiers qui portaient le titre de maréchaux-de-camp; ils étaient en petit nombre, et un seul était employé dans un corps d'armée, ce qui avait encore lieu, suivant le père Daniel, sous Henri IV. Ces officiers avaient comme des lieutenants ou des aides, qui d'abord ne portèrent que le titre d'aides-de-camp, mais qui, par abus, prirent dans la suite la qualité de maréchaux-de-camp; leur chef devint alors maréchal-général-de-camp.

Les maréchaux-de-camp commandèrent ensuite des brigades, c'est-à-dire deux ou trois régiments, et c'est cette attribution qui leur fit donner, en 1795, par le comité de salut public, la nouvelle dénomination de généraux de brigade.

Uniforme. — L'habit des généraux de brigade, sous la République, était bleu, sans retroussis et sans revers, collet droit retombant, poches horizontales; cet habit était brodé en or autour du collet, des poches, des parements, sur les devants et le long des pans. (Quelques-uns des chefs républicains, plus austères que les autres, remplacèrent en laine jaune la broderie et les épaulettes de leurs habits, mais le plus grand nombre n'adopta pas ces innovations.)

Cet uniforme fut modifié sous le Directoire et l'Empire. L'habit boutonnait sur la poitrine avec une seule rangée de boutons. On substitua pendant quelque temps au parement bleu le parement rouge, et au collet bleu un collet droit écarlate; mais ce changement fut de peu de durée, et on revint à la couleur primitive. On ajouta des retroussis garnis de foudres en or. Les épaulettes d'or à grosses torsades furent ornées sur le corps de deux étoiles en argent. La broderie du collet, des parements, de la taille et du long de la poitrine et des retroussis, présentait une guirlande de feuilles de chêne. Pantalon et gilet blancs; bottes à l'écuyère; chapeau à trois cornes, bordé d'un galon d'or à dents, et garni dans l'intérieur d'une chicorée noire; panache composé de trois plumes d'autruche bleu-de-ciel, surmontées d'une aigrette blanche et rouge par moitié verticalement; l'écharpe en réseau or et bleu-de-ciel, ornée de deux étoiles d'argent sur les glands, comme sur la dragonne.

Équipement. — L'équipement du cheval à la française, avec housse et chaperons de velours rouge, bordés de deux galons d'or.

Guides de l'armée. — La création des corps de guides pour les armées françaises remonte à l'année 1756. A cette époque, il fut attaché au quartier-général de chacune des armées alors sur pied une compagnie de fusiliers-guides, forte de vingt-cinq hommes, commandée par un capitaine et deux lieutenants. Douze de ces guides seulement étaient montés, et servaient à porter les ordres qui exigeaient une prompte exécution : tous étaient employés à la garde de police et à l'escorte des bagages du quartier-général.

Les gouvernements de la Convention et du Directoire firent revivre ces institutions dans les armées de la République; mais le nombre des guides fut augmenté dans chaque compagnie, selon la force de l'armée au quartier-général de laquelle ils étaient attachés. Plusieurs de ces compagnies s'élevèrent à la force d'un escadron, et l'on vit même auprès de quelques généraux en chef un corps de guides à pied et à cheval sous les ordres d'un colonel.

C'est ainsi que les guides attachés au général Bonaparte en Italie, et par suite en Égypte, formèrent le noyau du régiment de chasseurs à cheval de la garde consulaire et impériale.

Nous citerons plus particulièrement le régiment des guides attaché en 1797 au quartier-général de l'armée d'Allemagne.

Augereau, ayant été appelé au commandement de cette même armée, chargea le colonel Fournier, l'un de ses aides-de-camp, d'organiser, avec un escadron déjà existant et deux escadrons de la légion Noire, qui avaient été destinés à l'expédition d'Irlande, un corps de guides-hussards, et il lui en donna le commandement.

Uniforme. — Pelisse jaune, dolman vert, gilet jaune, pantalon écarlate, tresses blanches, ceinture cramoisie à nœuds blancs, schako de feutre noir à flamme jaune, plumet noir, manteau et porte-manteau verts; sabretache écarlate, brodée d'une branche de chêne et de laurier, ayant dans l'intérieur les initiales R. F.

Équipage à la hussarde : schabraque de peau de mouton noire, avec bande jaune. (Celle des officiers en drap écarlate, bordée en jaune, avec le chiffre R. F.)

Ce corps fut dissous en 1798, et les guides-hussards incorporés dans les 7e, 8e et 11e régiments de hussards.

Général de division et son aide-de-camp
1812.

GÉNÉRAL DE DIVISION.

AIDE-DE-CAMP.

'uniforme des généraux de division, commandant deux brigades, ne présentait que les différences suivantes avec celui des généraux de brigade : double rang de broderie sur le collet, les parements et les poches; la chicorée garnissant l'intérieur du chapeau, blanche; l'écharpe en réseau or et rouge écarlate; trois étoiles sur chaque gland, trois sur les épaulettes, trois sur la dragonne; le panache composé de trois plumes d'autruche rouges, surmontées d'une aigrette blanche et bleue par moitié verticalement.

AIDE-DE-CAMP. — On appelle ainsi un officier particulier chargé d'aider en ses fonctions un officier-général. L'origine de cet emploi, à l'armée, vient de la nécessité où se trouvèrent les maréchaux-de-camp d'avoir auprès d'eux des officiers pour les aider dans le campement et le placement des troupes. Il est comme la voix de son général; mais il ne doit se faire entendre qu'à celui auquel il est envoyé.... « Il doit avoir, outre les talents et les connaissances nécessaires à tout officier, les connaissances particulières à ses fonctions, telles que la position générale de l'armée et celle des corps qui la composent; dans une marche, l'ordre et la disposition des colonnes de troupes, de celles d'artillerie et des bagages, les routes qu'elles suivent, les chemins de communication d'une route à une autre, etc., etc. » (*Encyclopédie, Art militaire.*)

Sous le régime impérial, le nombre des aides-de-camp était fixe, pour un maréchal de l'Empire, à six, un du grade de colonel, deux du grade de chef d'escadron, trois de celui de capitaine; pour un général de division à trois : un chef d'escadron et deux capitaines; pour un général de brigade, un capitaine et un lieutenant. Sous la République et le Directoire, les aides-de-camp pouvaient être pris jusque dans le grade de sous-lieutenant.

Uniforme. — La forme de l'habit était celle adoptée pour la cavalerie légère; sa couleur était gros bleu. A l'époque des premières campagnes, les aides-de-camp avaient conservé la couleur tranchante, qui était le chamois; mais, sous le Directoire et l'Empire, leur uniforme a subi diverses modifications. Le règlement du 24 septembre 1803 en fixa ainsi la forme et la couleur :

Habit bleu national doublé de même, boutonnant droit; poches horizontales et à trois pointes; collet, parements, retroussis bleu-de-ciel; la veste en drap blanc; le pantalon bleu national; chapeau uni, bordé d'un galon noir en poil de chèvre; plumet bleu national, surmonté de rouge pour les aides-de-camp des généraux de division, et bleu-de-ciel pour ceux des généraux de brigade; en service, bracelet rouge écarlate pour les aides-de-camp des généraux de division, et bleu-de-ciel pour ceux des généraux de brigade; bottes à la hussarde.

Comme tous les officiers sans troupes, les aides-de-camp suivaient l'uniforme prescrit avec peu d'exactitude : quelques-uns portaient le schako; celui-ci avait un frac, celui-là la veste de chasseur ou un dolman de hussard. Les aides-de-camp des maréchaux, et surtout ceux du major-général, se distinguaient par leur élégance et leur excellente tenue : les premiers avaient adopté l'amarante pour couleur tranchante; les autres avaient des uniformes de fantaisie; ils portaient le dolman blanc et or, la pelisse noire et le pantalon rouge; le schako était de drap brodé en or.

L'armement et l'équipement du cheval étaient ceux de la cavalerie légère.

Officier d'Ordonnance de l'Empereur.

OFFICIER D'ORDONNANCE.

1800.

apoléon, indépendamment des aides-de-camp attachés à sa personne comme chef suprême de l'armée, jugea convenable, à l'époque où il ceignit son front de la couronne impériale, d'appeler près de lui un certain nombre de jeunes officiers pris dans les différentes armes, pour la transmission de ses ordres; ils firent partie de sa maison. Cette création, qui eut lieu quelque temps avant la bataille d'Austerlitz, sous la dénomination d'officiers d'ordonnance, subsista jusqu'à la chute du gouvernement impérial.

Jusqu'en 1811, le nombre des officiers d'ordonnance resta indéterminé, sans qu'il ait toutefois dépassé neuf ou dix; mais, à cette époque, il fut porté à douze. Les grades étaient ceux de chef d'escadron et de capitaine. Le premier officier parvenait quelquefois au grade de colonel. Lorsque Napoléon voulait récompenser le zèle et les services de ses officiers d'ordonnance, il les plaçait dans la ligne avec un grade immédiatement supérieur à celui dont ils étaient revêtus auprès de sa personne.

Uniforme. — Habit bleu-barbeau, avec écusson au bas de la taille, brodé en argent. Le dessin courant de la broderie était un mélange de palmier et de feuilles de chêne ; collet *idem*, échancré sur le devant, et le bord brodé ; revers *idem*, terminés en pointe, et le tour brodé ; retroussis *idem*, le tour brodé et orné dans les coins d'un soleil ; parements *idem*, coupés en pointe, et le tour brodé ; boutons à la hussarde en argent ; aiguillette et épaulette en argent.

Gilet écarlate à la hussarde, avec sous-taches, galons et boutons d'argent ;

Pantalon bleu-barbeau, avec sous-taches sur les coutures et trèfles en argent ;

Bottes à la hussarde, avec galons et glands d'argent ; éperons *idem* ;

Chapeau à cornes, garni intérieurement d'une plume noire, avec ganses et glands d'argent, galon dentelé noir ;

Sabre de cavalerie légère, avec ceinturon de maroquin rouge, brodé en argent : toutes les garnitures en argent.

Équipement à la hussarde :

Schabraque en peau de tigre, garnie de deux rangs de galons et d'un bord dentelé en écarlate ;

Étriers plaqués en argent ;

Bride à la hussarde ; bossettes, frontail, croisières, ornés de soleils ; boucles en argent ; chaînettes *idem* sur toutes les parties de la bride ; licol roulé avec dentelle d'écarlate ;

Poitrail avec soleil au milieu et garni de chaînettes ; croupières *idem* ;

Petit porte-manteau rond bleu-barbeau, garni d'un double galon d'argent aux extrémités.

En petite tenue, les officiers d'ordonnance portaient le pantalon charivari ou sur-culotte bleu-barbeau, avec garniture intérieure dentelée de même couleur ; boutons à la hussarde en argent. La schabraque était en drap bleu-barbeau, avec deux galons d'argent, le plus large vers l'intérieur. La bride, le poitrail et la croupière étaient les mêmes qu'en grande tenue, à l'exception des chaînettes, qui ne se retraçonnaient plus que sur la têtière de la bride.

Infanterie de ligne
1793. — 1806.

INFANTERIE DE LIGNE.

1789 — 1794.

'armée ayant été réorganisée en 1791, chaque régiment d'infanterie fut formé de deux bataillons, le bataillon de neuf compagnies, dont une de grenadiers et huit de fusiliers; le complet de chacune était de 56 hommes.

L'infanterie de ligne française portait l'habit de drap blanc. A l'époque dont nous parlons, les couleurs distinctives pour le collet, les revers et les parements de l'habit, formaient des séries de vingt régiments; les vingt premiers avaient la couleur noire, les vingt autres la couleur rouge ou rose.

Lorsque les régiments prirent la dénomination de demi-brigade, par l'amalgame décrété le 21 février 1793, chacun des nouveaux corps se composa de trois bataillons; le nombre des compagnies fut le même, ainsi que leur distinction en grenadiers et fusiliers, mais on en ajouta une de canonniers, et l'on doubla presque les complets pour toutes.

L'habit des anciens régiments de ligne fut remplacé par un uniforme commun à toutes les demi-brigades (celui de gardes nationales), sans autre distinction, pour chacunes d'elles, que le numéro d'ordre sur le bouton ; on substitua tour à tour le casque au chapeau, et le chapeau au casque pour la coiffure du soldat. La formation resta la même jusque sous le Directoire, qui supprima les compagnies de canonniers en 1798. L'effectif des demi-brigades varia de 1,800 hommes à 2,230.

Sous le Consulat, trente-une demi-brigades furent réduites à deux bataillons ; mais toutes conservèrent leur composition particulière de compagnies de grenadiers et de fusiliers ; celles-ci reçurent même un complet nouveau qui les porta jusqu'à 123 hommes. Au 1er avril 1803, tous les corps d'infanterie de ligne furent reportés à trois bataillons de 1,000 hommes. L'année suivante, les demi-brigades reprirent la dénomination de régiments : on y ajouta un quatrième bataillon, et le complet fut de 4,000 baïonnettes. A l'époque de cette réorganisation, Napoléon avait créé dans l'infanterie légère une compagnie de voltigeurs par bataillon ; mais l'infanterie de ligne ne participa à cette création, qui devait faire époque, qu'au mois de septembre 1805.

Infanterie de ligne, 1808.

GRENADIER. — VOLTIGEUR

INFANTERIE DE LIGNE.

1806 — 1811.

endant les guerres de la République et jusqu'en 1806, les seules modifications qui eurent lieu dans l'uniforme de l'infanterie, consistèrent dans le remplacement du chapeau à trois cornes et du casque en cuir, par un schako, coiffure empruntée aux Hongrois, qui, bien que plus militaire et plus commode, était encore susceptible d'amélioration. On donna aux grenadiers des bonnets à poil plus étoffés que ceux qu'ils portaient dans l'ancien régime militaire, garnis d'une plaque en cuivre (dans quelques régiments d'une grenade seule), et d'une guirlande blanche : ces bonnets étaient surmontés d'une croix blanche appliquée sur un fond de drap rouge.

Napoléon eut l'intention de rendre l'habit blanc à l'infanterie de ligne ; quelques régiments parurent en 1806 avec ce nouvel uniforme ; mais, à la fin de la campagne, ils avaient repris l'habit bleu.

Par suite du décret du 7 février 1812, on substitua des revers carrés aux revers arrondis ; les pans des habits furent considérablement diminués ; les guêtres ne montèrent plus que jusqu'au dessous du genou, et les bonnets à poil furent supprimés dans les compagnies de grenadiers ; elles prirent le schako garni de doubles chevrons rouges sur les côtés : les compagnies de voltigeurs ajoutèrent au schako un double chevron jaune.

Dans la campagne de 1808, tous les régiments d'infanterie de ligne présents aux armées d'Allemagne et d'Italie furent pourvus, comme en 1793, d'une compagnie de canonniers et d'un matériel d'artillerie, avec des caissons de munitions, une forge et des chevaux de train ; mais la suppression s'en fit l'année suivante, à la rentrée des troupes sur le territoire français après le traité de Vienne.

Infanterie légère, 1809.

VOLTIGEUR. — CARABINIER.

Officier d'Infanterie légère.
1795.

INFANTERIE LÉGÈRE.

1795 — 1808.

uand on eut reconnu que l'infanterie
était, dans les armées, la force la plus
redoutable par ses masses et ses combats
de pied ferme, il fut jugé nécessaire de ti-
rer de cette infanterie une arme spéciale,
chargée de préparer les chances de succès,
de provoquer l'ennemi, de l'attirer dans
des positions difficiles, ou de le harce-
ler partout, en troupe et en détail, dans ses marches, ses manœuvres et ses repos.

L'infanterie légère ne se composait, avant la Révolution, que de
douze bataillons, chacun de huit compagnies ; sous la Monarchie
constitutionnelle, le nombre des bataillons fut porté à quatorze.
Lors de la nouvelle organisation de l'armée, en 1794, on forma
des demi-brigades légères, qui prirent ensuite la dénomination de

régiments, comme l'infanterie de bataille. Chaque demi-brigade avait trois bataillons, et chaque bataillon neuf compagnies. La compagnie d'élite, qui, dans la ligne, porte le nom de compagnie de grenadiers, fut appelée compagnie de carabiniers, et cette dénomination se consacra par les prodiges d'une valeur toujours rivale. Les compagnies de voltigeurs se constituèrent dans l'infanterie légère sur le même complet, les mêmes cadres et la même division que dans la ligne. Lorsque les régiments de ligne furent portés à quatre ou cinq bataillons, chacun de huit compagnies, l'infanterie légère participa spontanément aux mêmes augmentations.

Quoique le service des régiments d'infanterie de ligne et légère dût être spécial par leur organisation, il fut presque toujours le même.

Ce n'est pas non plus dans leurs faits de guerre qu'on pourrait trouver des distinctions ; la communauté de gloire y fut encore bien plus marquée. « Toutes les fois, dit l'auteur de l'*Histoire des Institutions militaires*, que l'infanterie de bataille se signala, l'infanterie légère était elle-même partie dans ses rangs et partie en avant ; elle marcha avec elle au pas de charge à Austerlitz et à Wagram, croisa la baïonnette à Eylau, et devança le galop de la cavalerie à Auerstaedt et Iéna. »

L'infanterie légère, sous la République et le régime impérial, portait l'habit-veste bleu ; le collet rouge pour les carabiniers et le centre, et jaune pour les voltigeurs ; revers et parements en pointes, et retroussis garnis de liséré blanc ; poches dans le pli, garnies de deux boutons ; veste bleue, bordée d'un passe-poil blanc ; demi-guêtres découpées bordées d'un passe-poil et d'un gland. Ainsi que dans l'infanterie de ligne, le schako remplaça le chapeau. En vertu du décret du 7 février 1812, le bonnet à poil des carabiniers fit place au schako garni de chevrons rouges et d'une aigrette en crin de même couleur ; le même décret substitua les revers droits aux revers en pointe.

Les officiers ont porté en tout temps l'habit long.

De 1793 à 1795, il y eut trente régiments d'infanterie légère ; ce nombre, réduit à vingt-six, sous le Directoire, fut reporté à trente-un sous le Consulat; en 1804, à trente-deux, bien que les numéros allassent jusqu'à trente-sept; mais il y en avait cinq en blanc, comme il s'en trouvait trente-six dans l'infanterie de ligne, dont le nombre des régiments, porté à cent cinquante-six, était réellement de cent vingt. Ces lacunes avaient pour motif de tromper l'ennemi sur les effectifs réels.

Régiments Suisses.

GRENADIERS, 1812.

RÉGIMENTS SUISSES.

1791—1814.

ouis XI fut le premier roi de France qui prit des troupes suisses à sa solde. Ses successeurs suivirent cet exemple. Charles IX créa, en 1571, la charge de colonel-général des Suisses ; Charles de Montmorency-Meru en fut le premier titulaire. Le nombre de ces troupes variait suivant les circonstances. Dans les traités que Henri II fit avec la ligue suisse, il fut spécifié que quand le roi ferait des levées dans les cantons, elles ne seraient pas moindres de 6,000 hommes, ni plus fortes que 16,000, excepté si le monarque entrait lui-même en campagne ; et, dans ce cas, il pouvait en lever autant qu'il le jugerait convenable.

Henri IV affecta à la garde de sa personne le régiment suisse de Galati. Ce ne fut qu'en 1616, sous Louis XIII, que ce même régi-

ment, porté au complet de douze compagnies, reçut la dénomination de Gardes-Suisses, et monta sa première garde devant le logis
du roi, le 12 mars. (*Journal de Bassompierre.*)

En 1620, le régiment des gardes-suisses se trouva porté de 600
à 2,000 hommes; il conserva cette organisation jusqu'en 1762,
époque où son effectif s'éleva à 2,560 hommes, divisés en quatre
bataillons, chacun de neuf compagnies. Il resta sur le même pied
jusqu'au 20 août, époque de sa dissolution officielle, après la fatale
journée du 10 du même mois.

Indépendamment de ce corps, il existait en 1791 onze régiments
suisses à deux bataillons; chaque régiment au complet de 1,029 hommes sur le pied de paix.

Ces régiments furent licenciés à la même époque que celui des
gardes.

Sous le régime impérial, Napoléon mit en ligne quatre régiments suisses, à trois bataillons de 1,000 hommes chacun;
plus, un bataillon de la principauté de Neufchâtel, levé et fourni
par le prince major-général Alexandre Berthier. Ces troupes, à
l'exception du bataillon de Neufchâtel, furent maintenues (sauf
quelques modifications dans l'organisation) en 1814, en vertu
d'une nouvelle capitulation passée avec le gouvernement fédéral de
la Suisse, indépendamment de deux régiments pour la garde royale.

Uniforme des régiments suisses. — La forme des habits et des autres
parties de l'uniforme a constamment suivi celle de la ligne française : habit rouge garance; collet, revers et parements de la couleur tranchante affectée à chaque régiment, comme il est dit plus
bas; retroussis blancs, boutons jaunes légèrement bombés.

Couleurs distinctives.

1er régiment, jonquille.
2e régiment, bleu foncé.
3e régiment, velours noir.
4e régiment, bleu de ciel.

Légion Polonaise. 1810

RÉGIMENT DE LA VISTULE

LÉGION DE LA VISTULE.

1808—1814.

apoléon, après la campagne de 1807 en Pologne, avait ordonné la formation d'une légion de la Vistule, composée de trois régiments d'infanterie, d'un régiment de chevau-légers lanciers et d'une compagnie d'artillerie ; chaque régiment à deux bataillons, le bataillon à six compagnies, dont une de grenadiers et une de voltigeurs ; la compagnie à 60 hommes. Ces régiments, augmentés d'un quatrième, subsistèrent ensuite séparément avec un numéro d'ordre, et formèrent la division polonaise, qui se distingua particulièrement dans les campagnes d'Espagne, de 1808 à 1812.

Uniforme. — Kurtka bleu ; collet, parements ; revers et retroussis jaunes ; schako garni d'une plaque de cuivre en soleil, guirlandes blanches ; pantalon blanc collant ; demi-guêtres noires ; boutons blancs.

Armement. — Comme celui de l'infanterie française.

L'uniforme du régiment de chevau-légers ne différait de celui de l'infanterie qu'en ce qu'il portait un chapska à la place du schako, et un pantalon bleu à bandes jaunes par-dessus la botte.

Carabinier.
1805.

Carabinier.

1812.

CARABINIERS.

1805 — 1812.

e nom de carabinier vient de celui de l'arme principale dont se servait le cavalier ainsi désigné.

Plusieurs années avant l'institution du régiment royal des carabiniers, on avait mis deux hommes ainsi armés dans chaque compagnie de cavalerie; ils étaient choisis entre les plus habiles tireurs, et on les plaçait dans le combat à la tête des escadrons, pour faire une décharge de loin sur ceux de l'ennemi.

Vers la fin de la campagne de 1690, Louis XIV ordonna que l'on formât, par régiment de cavalerie, une compagnie de carabiniers, indépendamment des deux carabiniers qui existaient dans les autres. Cette compagnie était de trente maîtres, commandée par un capitaine, deux lieutenants, une cornette et un maréchal-des-logis. Deux années après, le roi prit la résolution de composer un seul régiment, sous le nom de royal-carabiniers, de toutes ces compagnies, excepté celles des régiments allemands qui faisaient partie de la cavalerie française. Comme elles étaient alors au nombre de cent, malgré ce retranchement, on les divisa en cinq brigades de quatre escadrons chacune, les escadrons de cinq compagnies. Chaque brigade eut un maître-de-camp, un lieutenant-colonel, un major et un aide-major. Tout le régiment fut habillé de bleu. Il ne faisait pas un corps séparé de la cavalerie.

En 1698, le roi forma soixante compagnies, sans pourtant diminuer le nombre des brigades, qui furent réduites à deux escadrons, chacun de quatre compagnies.

En 1762, les carabiniers ne formèrent plus que trente compagnies, toujours divisées en cinq brigades. En 1776, ces brigades furent réduites à deux, chacune de quatre escadrons, l'escadron d'une seule compagnie. L'année suivante, chaque brigade fut augmentée d'un escadron, toujours d'une compagnie ; mais celle-ci fut portée à cent trente maîtres, ce qui donnait à la brigade une force de 650 hommes. En temps de guerre, le complet du régiment, ou plutôt du corps des carabiniers, devait être de 1,560 maîtres.

A l'époque de la Révolution, les carabiniers étaient divisés en deux régiments, formant une brigade. Chaque régiment était de quatre escadrons, l'escadron de deux compagnies, en tout 400 hommes. Ce nombre, porté à 600 en 1791, à 704 sous le régime conventionnel et directorial, à 864 sous le Consulat, s'éleva, sous l'Empire, jusqu'à 1,040. Ainsi le complet de la brigade, en 1812, avant la campagne de Russie, était de 2,080 sabres.

L'uniforme des carabiniers, en 1789, consistait en un habit de drap bleu de roi, ayant le collet droit et de la même couleur, les revers et les parements de drap écarlate, la doublure de cette dernière couleur. Les sept boutonnières des revers, et les deux au-dessous, étaient entourées d'un galon d'argent, ainsi que la bavaroise, les parements et le collet. Les épaulettes étaient galonnées en forme de patte d'oie. Au bas de la taille de l'habit était un galon de la forme d'un fer à cheval : les retroussis avaient deux fleurs de lis aussi en argent. La coiffure était un chapeau à trois cornes, bordé d'argent fin ; la veste de drap blanc, la culotte de peau blanche, les boutons blancs.

Cet uniforme, modifié sous la République et le Consulat, fut entièrement changé sous l'Empire. Le long habit bleu fit place à l'habit-veste blanc, collet bleu de ciel, parements rouges avec pattes blanches pour le premier régiment, parements et pattes de parements bleu de ciel pour le deuxième ; au bonnet à poil, qui avait déjà remplacé le chapeau, fut substitué le casque à la romaine, orné d'une crinière en chenille rouge ; les carabiniers prirent la cuirasse comme la cavalerie, dont ils sont en quelque sorte les grenadiers. Le nouvel éclat de cette armure rehaussa l'idée de leur force ; leur aspect en fut encore plus martial, et leur tenue plus brillante.

Grosse Cavalerie.
1795.

Cuirassier.

1809.

CAVALIERS

ET

CUIRASSIERS.

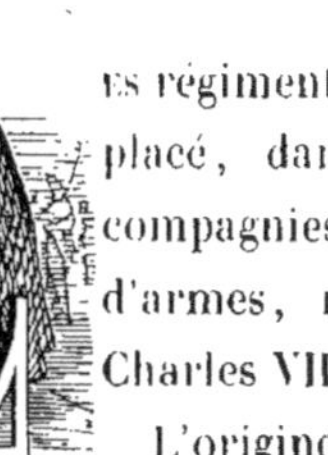

ES régiments de grosse cavalerie ont remplacé, dans les armées françaises, les compagnies d'ordonnance ou d'hommes d'armes, régulièrement instituées par Charles VII.

L'origine de ces régiments, comme celle des régiments de cavalerie légère française, ne remonte pas au delà de 1635, sous le règne de Louis XIII. Peu de temps après leur institution, le cardinal de Richelieu pensa à les supprimer, ainsi qu'il paraît par des lettres du secrétaire d'État de la Guerre Desnoyers, à M. de la Meilleraye, colonel de ces régiments, et au comte de Soissons, mestre de camp général. Dans la première de ces lettres, à la date du 26 juillet 1636, le ministre s'exprime ainsi : « Le roi met la cavalerie en escadrons au lieu de régiments; son éminence n'a point de satisfaction de son régiment ni du vôtre. » Quatre jours après, le même ministre écrivait au comte de Soissons : « Le roi vous envoie un ordre pour

« distribuer la cavalerie par escadrons de trois compagnies, chacun
« selon le rang de leur ancienneté, n'ayant pas trouvé celui des
« régiments bien convenable à l'humeur française ; et a, à cet effet,
« révoqué tous lesdits régiments en toutes ses armées. »

Mais cette boutade du cardinal premier ministre n'eut point
de suite ; et, loin de supprimer les régiments de cavalerie, on en
augmenta le nombre. Sous Louis XIV, la grosse cavalerie était divisée
en régiments royaux et régiments de gentilshommes ; ils étaient
composés de deux, trois ou quatre escadrons, chaque escadron de
quatre compagnies, et une compagnie depuis 25 maîtres ou cavaliers jusqu'à 50, suivant le besoin et l'augmentation ou réduction
de ces compagnies. Le nombre des régiments royaux était de
vingt-quatre ; celui des régiments de gentilshommes, variant selon
les circonstances, était, en 1714, de trente-sept. Plusieurs de
ces régiments portèrent d'abord la cuirasse, mais cette arme dé-
fensive fut successivement abandonnée par les différents corps.
En 1788, il n'existait plus qu'un seul régiment qui en rappelât
l'usage : c'était le huitième dans l'ordre numérique, qui, pour cette
raison, avait conservé la dénomination de royal-cuirassier.

Il existait vingt-quatre régiments de cavalerie en 1791 ; le nombre
fut porté à vingt-neuf sous le régime conventionnel, et réduit à
vingt-cinq sous le Directoire.

Bonaparte, premier consul, voulut rendre la cuirasse à la grosse
cavalerie. En vertu d'un premier arrêté à la date du 2 nivôse an II
(28 décembre 1802), les cinquième, sixième, septième et vingt-
troisième formèrent les quatre premiers régiments de cuirassiers. Le
reste de la grosse cavalerie ne put soutenir la concurrence, et demanda dès lors, dit l'auteur des *Institutions militaires pendant la
Révolution*, à participer à cette belle formation ; elle en fit l'objet de
son envie, et ne combattit plus que pour en être digne. La nouvelle
organisation, sous ce prestige, étendit chaque année ses cadres ;
elle devint enfin commune à tous les régiments. Ceux qui ne purent
entrer dans la formation des douze, nombre auquel le consul fixa
les nouveaux régiments, augmentèrent l'arme des dragons. En 1810,

un régiment provisoire, formé pour l'armée d'Espagne, prit le n° 13 ; on en créa depuis un quatorzième.

Les régiments de cuirassiers étaient à cinq escadrons, et avaient, au complet, chacun 1,040 sabres et 1,053 chevaux, ce qui formait un corps de grosse cavalerie de plus de 13,000.

Dragon et Sapeur de Dragons.

1809.

DRAGONS.

1798 — 1812.

HARLES DE COSSÉ-BRISSAC, maréchal de France, commandant l'armée française en Piémont pendant les années 1551 et 1552, imagina ou, du moins, leva le premier une nouvelle espèce de milice à laquelle on donna le nom de dragons. Le père Daniel, dans son *Histoire de la milice française*, discute le motif de cette dénomination, et s'arrête à l'idée qu'elle fut donnée à la milice dont nous parlons « comme une injure par les ennemis, chez lesquels ils allaient porter le ravage, et qu'il leur demeura. » Le même auteur ajoute que ces cavaliers l'acceptèrent volontiers « comme un nom terrible qui les rendait redoutables, et qui marquait leur activité et leur valeur. Il se pourrait faire encore que le maréchal de Brissac leur donna lui-même ce nom par de pareilles raisons. »

Les dragons, dans leur origine, étaient armés d'arquebuses ; on les employait à l'escorte des convois, à battre l'estrade, à harceler l'ennemi dans une retraite. On leur faisait occuper promptement un poste où l'on ne pouvait pas faire marcher assez tôt de l'infanterie. Ils combattaient tantôt à pied, tantôt à cheval, mais le plus souvent à pied ; et, dans un combat, on les plaçait quelquefois dans les vides des bataillons. On ne les faisait point combattre en escadron ou en bataillon serré, mais on les rangeait sur plusieurs lignes éloignées les unes des autres. Les dragons de la première ligne, après avoir fait la décharge de leurs arquebuses, allaient les recharger derrière la dernière, à moins qu'ils ne fussent pressés par l'ennemi, et obligés de mettre le sabre à la main.

Il paraît, selon le père Daniel, que l'arme des dragons fut supprimée tout à fait peu de temps après le siége de La Rochelle par le cardinal de Richelieu, dans les troupes françaises, mais qu'elle fut conservée dans les troupes étrangères au service du roi. Les dragons furent remis sur pied en 1635.

A la paix des Pyrénées (en 1659), il n'y avait que deux régiments de dragons sur pied, l'un dit du roi, l'autre de La Ferté. La création du premier ne remontait qu'à l'année 1557 ; celle du second était plus ancienne de douze ans, ce qui prouve qu'avant cette dernière époque, l'existence des régiments ou corps de dragons n'était que temporaire. En 1668, Louis XIV créa douze autres régiments de dragons ; l'année suivante il créa, en faveur du duc de Lauzun, la charge de colonel-général de cette arme, avec un état-major spécial. En 1690, il y avait quarante-trois régiments de dragons sur pied. Le roi avait réglé le nombre permanent des régiments à quatorze, qui furent conservés à toutes les réformes, et que l'on nomma les quatorze vieux. En 1704, il y avait trente régiments sur pied, de douze compagnies chacun, la compagnie de trente-cinq maîtres ; en 1714, on en comptait trente-cinq.

Louis XVI, par son ordonnance du 8 août 1784, assimila les dragons à la cavalerie. Cette disposition fut confirmée dans l'organisation qui se fit pour toutes les troupes à cheval au 1er janvier 1791 ; mais à quelques mois de là, un nouveau règlement confondit les dragons avec la cavalerie légère. La loi du 21 février 1793, sur la constitution générale de l'armée, rapprocha les dragons de la grosse cavalerie, et elle porta les dix-huit régiments qui existaient alors à quatre escadrons, chacun de 170 hommes ; ainsi le complet d'un régiment était de 680 sabres. En 1794, le nombre des régiments fut porté à vingt ; leur formation participa encore une fois de celle de la cavalerie légère ; ils furent même rangés expressément dans cette classe ; on leur donna alors six escadrons, une compagnie d'élite et un fusil plus court. Un vingt-unième régiment fut créé en 1796, et le complet de chacun fut fixé à 940 sabres.

Sous le gouvernement consulaire, l'arme des dragons devint victime de ceux qui voulaient signaler leur zèle par des projets nouveaux de réformation, par des modifications de service et des complications neuves d'exercices à pied et à cheval. Il résulta de cet ordre de choses, imprudemment adopté, que le désordre et la confusion régnaient dans les régiments des dragons quand il fallut se porter sur le Rhin, en 1805, à marches forcées. Les escadrons qui arrivèrent montés ne purent donner, et les bataillons de dragons à pied, parvenus au Danube, ne surent ni se tenir en ligne ni sabrer. Dès ce moment le discrédit de l'arme devint presque général. Le chef du gouvernement, entouré de préventions fâcheuses, n'attacha plus de prix au service de braves gens que l'on avait désorganisés, et il envoya les dragons en Espagne, seulement pour faire nombre dans l'armée d'invasion.

Mais, à cette époque, parmi les officiers-généraux employés dans la péninsule, il s'en trouvait qui avaient vu les dragons combattre vaillamment et utilement en Allemagne et en Italie, et qui leur rendirent leur esprit, leurs armes et leur destination. Le changement le plus remarquable s'opéra : les dragons se signalèrent dans toutes les batailles où il se fit des preuves d'une bravoure sans exemple. C'est surtout au maréchal Soult, aux généraux Latour-Maubourg, Kellermann, Treilhard, qu'on doit d'avoir reconstitué cette arme, de l'avoir rendue active, intrépide, indispensable. A la nouvelle formation de 1810, les régiments de dragons ne subirent aucune réduction ; le décret impérial porta que l'arme tout entière serait maintenue à son complet, et que les régiments employés en Espagne surtout auraient autant de chevaux que d'hommes. La renommée de ces corps était telle, qu'à l'époque des événements les plus désastreux de la campagne de 1814, l'ordre de les faire arriver en France et sous Paris fut presque un dernier espoir de salut.

Les dragons se présentent en effet dans les champs de Nangis, de Provins ; ils chargent un ennemi jusqu'alors vainqueur par le nombre ; l'audace de leurs manœuvres, l'impétuosité de leurs charges, la rapidité de leurs coups, rompent ces masses si redoutables, ces bataillons si serrés... Russes, Prussiens, Autrichiens, tout fuit, se rend ou succombe.

Tels furent les derniers exploits des dragons d'Espagne.

L'arrêt du sort était prononcé. Tout en souriant aux efforts surnaturels de ces invincibles guerriers, la Victoire étendit ses ailes protectrices sur la coalition européenne, et l'aigle humiliée alla s'abattre sur un rocher de l'Océan.

Au 30 mars 1814, les régiments de dragons étaient au nombre de vingt-quatre, formant cent vingt escadrons, deux cent quarante compagnies. L'effectif de chaque régiment aurait dû être de 1,200 sabres, et conséquemment le complet de l'arme de 24,800.

Chaque régiment avait une compagnie d'élite et des sapeurs.

Uniforme. — Les dragons ont porté l'habit long jusqu'en 1812, époque à laquelle on y a substitué l'habit-veste (décret du 7 février 1812). Les régiments étaient divisés, pour les couleurs distinctives, en séries de six ; sous la République, on a ajouté des visières aux casques, qui, depuis lors, n'ont subi aucune autre modification. Les compagnies d'élite et les sapeurs portaient le bonnet à poil sans plaque, et orné d'une guirlande blanche.

Le harnachement du cheval a été composé, jusqu'à l'époque de 1812, d'une selle à la française, housse et chaperon bordés d'un galon de fil. A l'époque précitée, on a ajouté, pour le service en campagne, une schabraque de peau de mouton garnie sur le bord d'une bande de drap de la couleur distinctive, comme aux autres régiments de cavalerie de l'armée, et comme cela avait lieu depuis plusieurs années dans les régiments de cette arme employés en Espagne.

Chasseur à cheval.
1812.

CHASSEURS A CHEVAL.

1791 — 1814.

\ 1789, il existait douze régiments de chasseurs à cheval, chacun de trois escadrons. Ils furent conservés à la réorganisation de l'armée en 1791, mais alors chaque régiment fut formé de quatre escadrons de deux compagnies, chaque compagnie de 71 hommes, ce qui portait le complet à 580 sabres et 556 chevaux. Mis sur le pied de guerre, chaque régiment présenta un effectif de 700 hommes.

En 1792, trois nouveaux régiments furent créés sur le même pied que les anciens. L'année suivante, chaque régiment fut de six escadrons; le nombre des régiments fut porté à vingt-deux. En 1794, un nouveau régiment, sous le n° 23, fut formé par enrôlement volontaire, puis un dernier, sous le n° 24. La force de chaque compagnie, dans tous les régiments, fut portée à 116 hommes, ce qui donna à chacun d'eux un effectif de 1,410 chevaux.

Napoléon, dès son Consulat, donna aux chasseurs à cheval une organisation plus forte que jamais et plus complète. Sous l'Empire, tous les régiments, au nombre de trente-un (1), furent portés de six à huit escadrons, et au complet de 1,800 chevaux.

Les régiments de chasseurs à cheval se sont fait, dans les guerres de l'Empire, une haute réputation d'intrépidité et d'adresse pour éclairer, reconnaître et fouiller le terrain des opérations, pour épier les mouvements de l'ennemi, surprendre ses avant-postes, inquiéter ses convois, disperser ses fuyards, et souvent charger à fond ses carrés. C'est à la tête des chasseurs à cheval que plusieurs généraux, tels que Lasalle, Montbrun, etc., ont commencé leur renommée.

Uniforme.—A l'époque de la Révolution, les chasseurs avaient des caracos de couleur verte, avec le gilet de couleur tranchante tressé en blanc, qu'ils conservèrent quelques années. Ils prirent ensuite le dolman, qu'ils gardèrent jusqu'en 1806, époque à laquelle on leur donna le surtout. Par le décret du 7 février 1812, l'habit-veste fut adopté par tous les régiments. Le pantalon vert dans la botte, orné d'un nœud hongrois et de ganses blanches, fut en usage jusqu'en 1814; on leur donna, en 1812, un second pantalon garni de basane, sous la dénomination de pantalon de cheval.

En 1791, les chasseurs portaient encore les anciens casques de cuir, surmontés d'une chenille; depuis lors le schako est devenu la coiffure de l'arme, et sa forme a suivi celle du schako des hussards. Les compagnies d'élite avaient le colback à flamme et les épaulettes de grenadiers en laine rouge.

Équipement et harnachement. — Manteau et porte-manteau verts; selle à la hussarde; schabraque verte, bordée d'une bande de drap de la couleur tranchante; on la remplaçait en campagne par une peau de mouton.

Armement. — Sabre de cavalerie légère, pistolets et carabine.

(1) Napoléon ajouta sept régiments aux vingt-quatre qui existaient sous le Consulat.

Hussard.
1795.

HUSSARDS.

1791 — 1814.

ARME des hussards est d'institution étrangère. Les régiments de cette arme étaient
formés, avant la Révolution, d'étrangers
pris à la solde de l'État, mêlés de quelques
nationaux « que des mœurs suspectes,
« des habitudes hardies et peu sociales sem-
« blaient vouer tout exprès aux hasards
« d'un service de coureurs et d'aventuriers de guerre (1). »

Jusqu'au moment où les premières campagnes de la guerre de la
Révolution habituèrent les jeunes Français à la vie pénible des camps,
où les fatigues, les bivouacs et les dangers eurent donné à toutes les
physionomies la teinte sévère et rembrunie des vieux guerriers, la
plupart de ceux qui embrassaient la profession des armes, surtout
les enrôlés volontaires, ne trouvaient aucun charme dans le langage,
les goûts, les moustaches, la coiffure, la tenue, en un mot, de cette

(1) *Institutions Militaires*, etc., t. III.

milice à demi-barbare, admise depuis Louis XIII dans les rangs de l'armée française, comme on y avait introduit, avant cette époque, les lansquenets, les reîtres et les estradiots, etc., où l'on ne remarquait de Français que quelques officiers.

Mais lorsque des actions brillantes et répétées sous les yeux de l'armée eurent fait connaître l'esprit de ces corps, où le service est toujours si actif et si périlleux, les volontaires nationaux s'empressèrent de recruter les régiments de hussards, dont des combats presque journaliers éclaircissaient incessamment les rangs. Bientôt les six cadres alors existants ne suffirent plus pour les hommes qui se présentaient à l'envi pour les remplir. Vers le milieu de la campagne de 1793, le nombre des régiments de hussards fut porté à neuf, indépendamment de plusieurs autres corps francs, formés à cette même époque sous la dénomination de hussards de la liberté, de la République, braconniers de l'égalité, de la mort, etc., et qui entrèrent par la suite en ligne en prenant des numéros, ou furent incorporés dans les régiments alors sur pied.

Sous les gouvernements conventionnel, directorial et consulaire, l'arme des hussards fut portée à douze, treize et quatorze régiments, ayant chacun l'organisation des chasseurs à cheval, avec les mêmes grades, les mêmes emplois, les mêmes rangs et les mêmes complets, selon l'empire des temps et les mouvements de guerre.

Sous le gouvernement impérial, le nombre des régiments de hussards resta fixé à douze; mais ce dernier numéro n'existait pas dans le tableau de l'arme, attendu qu'il se trouvait un neuvième régiment *bis*.

Chaque régiment eut, comme dans les autres armes de la cavalerie, une compagnie d'élite.

Uniforme.—En 1791, le schako était sans visière et entouré d'une flamme aux couleurs des régiments. Le schako évasé lui succéda, et celui-ci fut remplacé en dernier lieu, dans plusieurs régiments, par le schako droit. L'habillement se composait d'un dolman, d'une pelisse, d'un gilet, d'une culotte hongroise dans la botte, en grande tenue. Les couleurs étaient différentes dans chaque régiment. La

Hussard. 1809.

ceinture était, pour tous les régiments, en cramoisi, avec olives blanches ou jaunes, suivant la couleur du bouton.

Équipement.— Manteau vert, sabretache en cuir noir, avec le numéro du régiment.

Armement. — Sabre, pistolets et mousqueton.

Les compagnies d'élite portaient le colback.

Cheval-Légers (Français).
1812.

CHEVAU-LÉGERS.

1811 — 1814.

APOLÉON ayant introduit dans l'armée française trois régiments de chevau-légers levés en Pologne, cette innovation lui suggéra l'idée d'ajouter à l'arme de la cavalerie une organisation de régiments ainsi dénommés, et d'en porter le nombre à neuf. En conséquence, il tira du corps des dragons les régiments n°˚ 1, 3, 8, 9, 10 et 29, pour former, avec les trois déjà cités, celui des chevau-légers-lanciers. Ce fut en 1811 que cette formation eut lieu. Ces régiments devaient être d'abord attachés à chacune des divisions de cuirassiers, pour combattre à pied et à cheval avec le mousqueton, la baïonnette, le sabre ou la lance.

L'espèce de destination propre à cette troupe élégante et légère la fit diviser plus particulièrement dans ses cadres pour les grades, les emplois et l'effectif des hommes et des chevaux; toutefois, comme son service avait plus de rapport avec les chasseurs, elle en eut presque toute l'organisation.

Chaque régiment se formait de quatre ou six escadrons à deux compagnies. Son complet, sous les étendards, était de 600 ou 500 hommes.

Uniforme des régiments français. — Casque à chenille sans plumet, veste de chasseur à cheval verte, pantalon vert à la hongroise, ceinturon par-dessus la veste et gants à la Crispin, boutons jaunes plats.

Uniforme des régiments polonais. — Schapska bleu avec pompon rouge; kurtka bleu; collet, revers, parements, retroussis et passe-poils de la couleur distinctive; ceinture bleue et blanche.

Armement et équipement. — Comme les régiments français. Manteau blanc.

Garde d'Honneur.

1814.

GARDES-D'HONNEUR.

1713 — 1814.

n sénatus-consulte à la date du 3 avril 1813 créa quatre régiments de gardes-d'honneur affectés à la garde de l'Empereur. Napoléon rendit, le 5 du même mois, un décret relatif à l'organisation de ces mêmes régiments.

Les individus appelés à la formation des nouveaux corps devaient être nés Français, avoir l'âge de dix-neuf à trente ans inclusivement, et se trouver exempts de toute infirmité qui rend impropre au service militaire;

Les membres de la Légion-d'Honneur et leurs fils étaient admis à faire partie des régiments des gardes-d'honneur;

Les membres de l'ordre impérial de la Réunion et leurs fils;

Les chevaliers, barons, comtes, ducs de l'Empire et leurs fils;

Les membres des colléges électoraux de département et d'arrondissement, des conseils-généraux de département et d'arrondissement, et conseils municipaux des bonnes villes, leurs fils et neveux;

Les cinq cents plus imposés des départements, et, dans chaque département, les cent plus imposés des villes, leurs fils et neveux;

Les individus employés dans les diverses régies et leurs fils;

Les militaires qui avaient servi dans les armées françaises, et ceux qui avaient servi comme officiers dans les armées étrangères et leurs fils.

Indépendamment de la formation d'une liste sur laquelle étaient portés tous les habitants du département qui appartenaient à l'une des catégories désignées ci-dessus, âgés de dix-neuf à trente ans, n'étant pas mariés et n'ayant aucun état, chaque préfet eut ordre de faire ouvrir à la préfecture, dans chaque sous-préfecture, un registre où pouvaient se faire inscrire tous ceux qui voudraient entrer dans les régiments en question, et les citoyens possédant les qualités requises inscrits sur les registres, étaient admis, quoiqu'ils ne fussent pas dans une des catégories portées dans l'art. 14.

Le préfet désigna ceux qui devaient être admis à faire d'abord partie desdits régiments.

Par une disposition particulière, les anciens militaires étaient admis jusqu'à l'âge de quarante-cinq ans.

Les gardes-d'honneur s'habillaient, s'équipaient et se montaient à leurs frais; mais si, parmi les membres de la Légion-d'Honneur ou leurs fils, il s'en trouvait qui n'eussent pas les facultés nécessaires pour s'habiller, se monter et s'équiper, ils pouvaient, sur le rapport qui en était fait par le préfet au grand-chancelier de la Légion-d'Honneur, être habillés, équipés et montés aux frais de ladite Légion.

Le décret impérial fixait le nombre des gardes-d'honneur à fournir par les départements pour la formation des quatre régiments; ce nombre avait un minimum et un maximum, de manière à présenter un total de 5,000 gardes-d'honneur dans le premier cas, et de 10,000 dans le second.

Les colonels étaient choisis parmi les généraux de division ou de brigade; les majors, parmi les colonels; les autres officiers avaient le même rang que les officiers du grade correspondant dans la ligne.

Les premier, troisième et quatrième régiments se distinguèrent plus particulièrement dans la campagne de 1814, à l'affaire de Reims, où le troisième, commandé par le comte Philippe de Ségur, chargea et enfonça un corps de cavalerie russe, et prit quatorze pièces de canon.

Le lendemain de cette affaire, le champ de bataille offrait un spectacle sanglant, mais glorieux. Le troisième régiment des gardes-d'honneur s'étant rencontré avec les grenadiers de la vieille garde dans le défilé du faubourg de Reims, allait disputer le passage à ce corps d'élite, lorsqu'on entendit les vétérans de l'armée française s'écrier tout à coup : « Laissons passer ces braves gardes-d'hon-« neur ; ce terrain est bien à eux, ils y peuvent être fiers. » (*Victoires et Conquêtes*, etc., tome XXV, page 119.)

Uniforme.—Le même pour les quatre régiments : Pelisse de hussard vert foncé ; bordure du collet et des tours de manche en peau de mouton noire ; dolman vert foncé, avec collet et parements écarlates ; tresses, ganses et olives de la pelisse et du dolman en laine blanche ; pantalon à la hongroise en drap écarlate, avec tresses blanches ; boutons blancs ; ceinture fond cramoisi, avec garnitures blanches ; schako écarlate, garni d'un bord blanc ; plumet vert, avec bout de couleurs diverses, selon les régiments : rouge pour le premier, bleu pour le deuxième, jaune pour le troisième et blanc pour le quatrième ; les officiers portaient le colback.

Équipement et armement à la hussarde.

Train d'artillerie. — Artillerie à pied.
1809.

ARTILLERIE A PIED.

1794 — 1814.

ES régiments d'artillerie à pied, dit le judicieux auteur des *Institutions militaires*, ne subirent pas, à la Révolution, toutes les alternatives d'institution qui tourmentèrent les cadres des autres armes ; c'est qu'il y avait un fonds d'hommes et de doctrines de guerre dont l'ancien régime pouvait s'enorgueillir, et que le nouveau adopta lui-même avec confiance et presque ostentation. La bizarrerie et le désordre s'étaient éloignés, depuis longtemps, de troupes sur lesquelles l'Europe entière avait réglé ses propres organisations.

Il ne s'agissait donc que de mettre le personnel, déjà si recommandable de cette arme, en rapport avec l'infanterie et la cavalerie, pour suivre leurs développements, partager quelques réformations et compléter l'harmonie de la force publique nationale.

12

Le règlement du 1ᵉʳ avril 1791 conserva les sept régiments d'artillerie à pied, et n'y admit que peu de changements. Il reconnut leur rang en supprimant leurs anciennes dénominations, et leur assigna des numéros particuliers.

Chaque régiment était formé de deux bataillons et d'un état-major distinct; le bataillon composé de dix compagnies de canonniers, bombardiers et sapeurs; les hommes prirent la dénomination unique de canonniers.

A la fin de 1791, les compagnies furent augmentées de 20 hommes, ce qui porta l'effectif de chaque régiment à 1,610.

En 1793, les compagnies reçurent une nouvelle augmentation de seize canonniers, un sergent et un lieutenant en second.

Le comité de salut public organisa, en 1794, un huitième régiment. L'année suivante, chaque régiment se trouva composé de vingt compagnies, divisées en cinq sections, avec un état-major particulier; il n'y eut plus de bataillons proprement dits. L'effectif nouveau fut réglé, pour chaque régiment, à 1,890 hommes.

Le Directoire exécutif, dès son entrée en exercice, réduisit une partie de l'organisation des régiments d'artillerie à pied; mais la loi du 23 fructidor an VII, en réglant le personnel de l'armée entière, reporta les huit régiments au complet de 1.888 hommes. Quelques jours après, chaque compagnie fut augmentée de dix-huit hommes, et l'effectif de chaque régiment fut ainsi de 2,250.

Sous le Consulat, les régiments furent reformés par bataillons de onze compagnies, dont une d'élite. Un neuvième régiment fut créé, et tous furent mis au complet de guerre.

Sous l'Empire, il y eut toujours neuf régiments à pied; plus, une augmentation de capitaines et lieutenants en second. Chaque compagnie avait 92 hommes; le bataillon, 1,200; le complet d'un régiment était de 2,430.

Napoléon arma les canonniers d'un fusil avec baïonnette; ils le rejetaient sur leur dos, au moyen de la bretelle, quand ils servaient les pièces sur le champ de bataille.

La discipline et la tenue militaires des régiments d'artillerie firent constamment l'admiration de l'armée. Si parfois il fallut que des détachements cédassent au nombre, on vit officiers et soldats tomber et mourir sur leurs pièces. Rarement des soldats d'artillerie suivirent-ils le char de triomphe de l'ennemi vainqueur.

Uniforme. — Habit bleu; collet, revers et parements de la même couleur, liserés de rouge; retroussis rouges; gilet et culotte de drap bleu; guêtres noires; schako avec pompon, orné de ganses et cordons rouges.

JOACHIM MURAT,

ROI DE NAPLES,

COMMANDANT EN CHEF DE LA CAVALERIE FRANÇAISE

URAT, fils d'un aubergiste de la Bastide près de Cahors, naquit le 25 mars 1771, et mourut fusillé au fort de Pezzo, dans le royaume de Naples, le 14 octobre 1815. Destiné par ses parents à l'état ecclésiastique, ses inclinations l'entraînèrent vers la carrière des armes. Il embrassa avec ardeur la cause de la Révolution, et par sa bravoure et ses talents militaires, il se fit bientôt remarquer. Le général Bonaparte venant prendre le commandement de l'armée d'Italie en 1796, le trouva chef de brigade et se l'attacha comme aide-de-camp; bientôt Murat mérita le grade de général, et se fit considérer comme un des

13

chefs les plus distingués de l'armée. Nommé général de division après la bataille des Pyramides, général en chef d'une expédition contre Naples en 1801, maréchal de l'Empire en 1804, en 1805 il fut prince, grand-amiral et grand-aigle de la Légion-d'Honneur.

Cette même année, il dirigea les opérations de la cavalerie dans la campagne d'Autriche, et concourut puissamment à la victoire d'Austerlitz. Créé grand-duc de Clèves et de Berg, l'année suivante, il reprit le commandement de toute la cavalerie dans la campagne de Prusse, où il fit des prodiges de valeur. En 1808 il commanda l'armée chargée d'occuper l'Espagne, et après l'installation de Joseph sur le trône de ce pays, il fut lui-même appelé, le 1er août, à régner sur Naples. Comme roi, il fut plein de bonté et de sollicitude pour son peuple, et l'on ne put lui reprocher que son goût pour la parure et les costumes de théâtre.

Toujours à la tête de la cavalerie, il fit la campagne de Russie. Napoléon l'avait appelé de son royaume de Naples, qu'il ne quitta qu'à regret pour aller prendre part à cette gigantesque expédition. Après le départ de Napoléon, il eut le commandement des débris de l'armée, et se montra inférieur à la tâche qui lui était confiée. On le retrouve encore dans la campagne de 1813, jusqu'à la bataille de Leipsick, après laquelle il retourna en Italie pour y préparer sa défection. Il traita avec les ennemis de la France et fit avancer ses troupes contre l'armée d'Eugène Beauharnais. Les succès inattendus de Napoléon dans les plaines de la Champagne firent repentir Murat de sa trahison. En même temps la reine de Naples, sœur de Napoléon, cherchait à ménager un rapprochement entre son mari et son frère. Napoléon, dans une de ses réponses, s'exprimait ainsi : « Votre mari est très-brave sur le champ de bataille, « mais il est plus faible qu'une femme lorsqu'il ne voit plus d'en-« nemis ; il n'a point de courage moral. »

Napoléon retiré à l'île d'Elbe, Murat vit bien que la coalition ne respecterait pas sa couronne. Il n'attendit pas qu'on l'attaquât, et entreprit la conquête et l'affranchissement de l'Italie. Après quelques succès, il fut repoussé, vaincu, obligé de fuir et de cher-

cher un refuge en France, où Napoléon, qui s'était ressaisi de l'Empire, ne répondit pas à ses avances. Il se rendit alors à Bastia, d'où, au mois de septembre, il partit pour les côtes de Naples, dans l'espoir de reconquérir son royaume, comme Napoléon revenant de l'île d'Elbe avait reconquis le trône impérial. Après bien des vicissitudes, il fut pris et mis à mort.

On a presque perdu le souvenir des fautes de l'homme qui sacrifia à la conservation d'une couronne ses obligations envers celui qui la lui avait donnée et ses devoirs envers la France; mais la France n'oubliera jamais l'un des chefs les plus brillants et les plus héroïques de la Grande Armée.

Artillerie à cheval

ARTILLERIE A CHEVAL.

1794 — 1814.

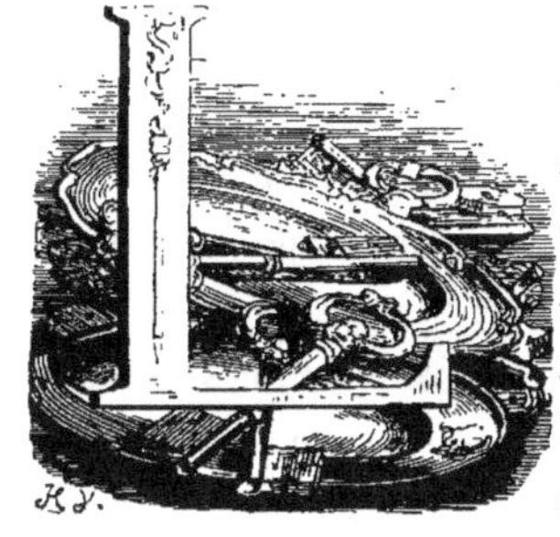

'ARMÉE prussienne avait déjà tiré de grands avantages de son artillerie à cheval dans les premiers engagements de la guerre de la Révolution, lorsque le comité de la guerre formé dans l'assemblée législative de France proposa, en avril 1792, d'organiser un corps semblable. Toute l'armée disputa de rivalité pour entrer alors dans cette artillerie légère, et courir les chances d'un service plus actif et plus périlleux.

Neuf compagnies furent formées; on les attacha d'abord aux régiments à pied (le premier et le second en eurent chacun deux, et les cinq autres une), et l'on convint de ne les tenir à cheval que pendant le temps de guerre; à la paix elles devaient rentrer toutes dans les cadres de la ligne.

Les services de l'artillerie à cheval ne tardèrent pas à être appréciés: son augmentation étant jugée nécessaire, les compagnies

14

furent portées successivement à vingt, vingt-deux et trente. On prit alors le parti de les organiser en régiments; il y en eut à six compagnies de 85 hommes, ce qui donnait par régiment un complet de 514 canonniers.

Le gouvernement directorial conserva cette organisation; mais le complet des régiments fut réduit à 466 officiers, sous-officiers et artilleurs.

Sous le Consulat et l'Empire, les régiments d'artillerie à cheval ne furent plus qu'au nombre de six; mais celui des compagnies, dans chaque régiment, fut augmenté et porté jusqu'à neuf, ce qui éleva le complet à 850 canonniers.

Deux ans après sa création, l'artillerie à cheval avait signalé l'utilité de ses services, et fondé cette haute réputation qu'elle n'a point cessé de mériter, par ce fait d'armes d'une audace sans exemple :

L'armée française venait de conquérir le territoire batave au milieu de l'hiver de 1795; la flotte hollandaise était retenue au Texel par les glaces. Des compagnies d'artillerie légère arrivent avec leurs pièces en prolonge, manœuvrent sous les sabords de l'escadre, enlèvent les chaloupes au galop, mettent pied à terre, jettent leurs écouvillons sur les vaisseaux pour s'en servir comme de ponts volants, et passent d'un bord à l'autre, le sabre et le pistolet au poing. Pendant cette première action, des hussards accourent; toutes les forteresses flottantes, surprises dans leur immobilité, sont escaladées; les équipages se rendent; l'amiral amène son pavillon, et le drapeau flotte partout au grand mât!....

Uniforme.—Dès la formation de l'artillerie à cheval, on lui donna un uniforme du modèle de celui des hussards, bleu, avec les agréments rouges; le reste de l'équipement et de l'armement fut celui de cette arme.

Dans les dernières campagnes, on substitua l'habit-veste au dolman.

TRAIN D'ARTILLERIE. — Les équipages d'artillerie étaient donnés à l'entreprise avant la Révolution, et on les désignait, ainsi que les équipages de vivres, sous le nom de charrois. Ce service, purement temporaire, livré au désordre et à la confusion, entraînait souvent les plus grands inconvénients dans le cours de la campagne. Bonaparte, qui en avait fait plusieurs fois la triste expérience à l'armée d'Italie, eut l'idée d'organiser militairement les charretiers employés au transport de l'artillerie de l'armée d'Égypte, et présenta aussi le modèle d'une première formation de bataillon du train. Parvenu au Consulat, il consacra cette institution par un arrêté. Le train d'artillerie devint alors une nouvelle arme qui s'établit au milieu du plus bel état militaire, et acquit bientôt une considération méritée par la discipline, la résignation et l'intrépidité des soldats qui en faisaient partie.

Il y eut d'abord huit bataillons composés de cinq compagnies de 80 hommes; dans ces compagnies, il y en avait une d'élite pour l'artillerie à cheval; trois autres pour les parcs, places de guerre et attelages d'armée; la dernière restait au dépôt.

Dès que cette organisation fut achevée, les chevaux passèrent au compte de l'État; les corps répondirent de leur entretien, et chaque soldat en eut deux à panser et à conduire.

En l'an IX (1801), le personnel des bataillons fut augmenté, et ces corps eurent la faculté de se dédoubler pour la guerre. Chaque bataillon principal ou supplémentaire fut alors composé de six compagnies de 100 hommes, avec un état-major à part.

De 1800 à 1813, le nombre des bataillons du train fut porté successivement jusqu'à vingt-sept, tous au complet de 620 hommes, également remarquables par leur tenue, leur équipement et leur bonne administration.

« Il n'y eut jamais pour le train d'artillerie, dit l'auteur des *Institutions militaires*, au fort des combats, ni combinaisons propres ni volonté d'action; tout fut pour ce corps dépendance, patience et résignation éprouvées.

« C'est aussi avec cette attitude, ce mépris des dangers, ce dédain de la mort, que les soldats du train, en face de l'armée, acquirent une réputation de bravoure inouïe dans sa constance et sa tranquillité, et qu'ils méritèrent sans jalousies des récompenses égales d'avancement ou d'honneurs. »

Uniforme.—Habit-veste gris-de-fer, collet bleu, revers bleus, parements bleus, pattes de manches à trois pointes en drap gris-de-fer, passe-poil des poches figuré en drap bleu, retroussis bleus, garnis de grenades en drap gris-de-fer, boutons blancs avec le numéro d'ordre des bataillons.

Pantalon de peau jaune; bottes à la dragonne avec manchettes; schako d'infanterie; dragonne rouge; manteau gris-de-fer; giberne garnie d'une grenade; sabre-briquet d'infanterie.

Grenadiers à pied.

OFFICIER ET SOLDAT (GARDE IMPÉRIALE

GARDE IMPÉRIALE.

GRENADIERS A PIED.

1804 — 1814.

EUX bataillons de grenadiers faisaient partie de la garde des Consuls à l'époque de sa formation, en décembre 1799; ces deux bataillons formèrent un régiment en janvier 1801. Napoléon, parvenu à l'Empire en 1804, conserva cette organisation, avec quelques changements dans l'état-major régimentaire. Une nouvelle organisation (décret du 15 avril 1806) porta à quatre, formant deux régiments, le nombre des bataillons des grenadiers à pied. Un autre décret, du 1ᵉʳ décembre 1808, réunit ces deux régiments en un seul, et doubla par là la force des compagnies, qui res-

tèrent au nombre de huit, en deux bataillons-, et présentèrent un
total de **2,000** grenadiers.

Par décret du 8 mai 1811, un nouveau deuxième régiment de
grenadiers fut organisé avec le cadre de l'ancien, dissous en 1808,
et des hommes tirés des régiments de fusiliers de la garde, ainsi
que des régiments de la ligne ; il se composait de deux bataillons,
chacun de quatre compagnies, présentant une force de 1,600
hommes.

En 1813 et 1814, les grenadiers à pied de la garde formaient
encore deux régiments à deux bataillons de quatre compagnies de
200 hommes (voyez l'art. suivant, grenadiers à pied de la garde,
Hollandais, ou troisième régiment). Nous ne nous étendrons point
dans les éloges que mérite à tant de titres ce corps célèbre ; il nous
suffira de dire avec le judicieux et éloquent auteur des *Institutions
militaires*, etc., « que les grenadiers de la garde furent constamment incomparables en traits de vaillance, invincibles aux champs
de bataille, superbes dans leur tenue, et majestueux dans leur
gloire. »

Uniforme. — Habit bleu de roi, collet bleu, fermé sans lisérés :
revers blancs, taillés carrément ; parements écarlates ; pattes blanches à trois pointes ; doublure écarlate ; retroussis agrafés et
garnis de quatre grenades en laine jaune, brodées sur drap blanc ;
tour de poches en long, figuré par un passe-poil écarlate ; boutons
jaunes empreints d'une aigle couronnée, avec la légende : *Garde
impériale.*

Veste et culotte blanches ; guêtres noires montant au-dessus du
genou ; boutons jaunes ; épaulettes rouges ; dragonne blanche à
gland rouge.

Bonnet d'oursin, garni d'une plaque de cuivre rouge portant une
aigle couronnée, avec deux petites grenades à chaque angle du bas :
sur le sommet, une grande grenade en fil blanc brodée ; cordon en
laine blanche ; plumet rouge et cocarde tricolore à la base.

Sur la giberne, une grande aigle couronnée ; à chaque angle une
petite grenade, la flamme tournée vers le dehors.

Les grenadiers portaient, en petite tenue, le chapeau à trois cornes garni de ganses orange, avec le pompon et les macarons rouges; une culotte courte en nankin, des bas de coton blanc et des boucles d'argent de forme carrée sur le soulier.

Ces régiments ont constamment porté la queue et de la poudre, même en campagne.

Armement. —Fusil garni en cuivre.

Grenadier à pied (Garde Impériale),

3e RÉGIMENT (HOLLANDAIS).

GRENADIERS A PIED HOLLANDAIS.

(3ᵉ RÉGIMENT) 1810 -- 1815.

ORS de la réunion de la Hollande à la France, en 1810, Napoléon décréta que le régiment des gardes du roi Louis, son frère, entrerait dans la garde impériale. Ce corps fut d'abord le deuxième régiment de grenadiers à pied, et conserva son uniforme, sauf les signes du gouvernement hollandais, qui furent remplacés par ceux du gouvernement impérial. Mais un nouveau régiment français de grenadiers de la garde ayant été créé en 1811, il prit le nº 2, et le régiment hollandais le nº 3. Ce dernier fut supprimé le 15 février 1813, et ce qui restait d'officiers et de soldats après la désastreuse campagne de Russie fut incorporé dans les deux autres régiments.

16

Uniforme. — Habit blanc, collet, revers et parements cramoisis ; doublure et passe-poil de poches de même couleur ; grenades jaunes.

Veste et culotte blanche ; boutons à l'aigle à l'habit et à la veste ; guêtres longues avec boutons de cuivre.

Épaulettes rouges ; dragonne blanche à gland rouge.

Bonnet sans plaque ; cordon blanc à double gland ; au haut du bonnet, une grenade en fil blanc sur un fond cramoisi ; plumet rouge.

Même garniture de giberne que les grenadiers des premier et deuxième régiments.

Armement. — Fusil garni en cuivre.

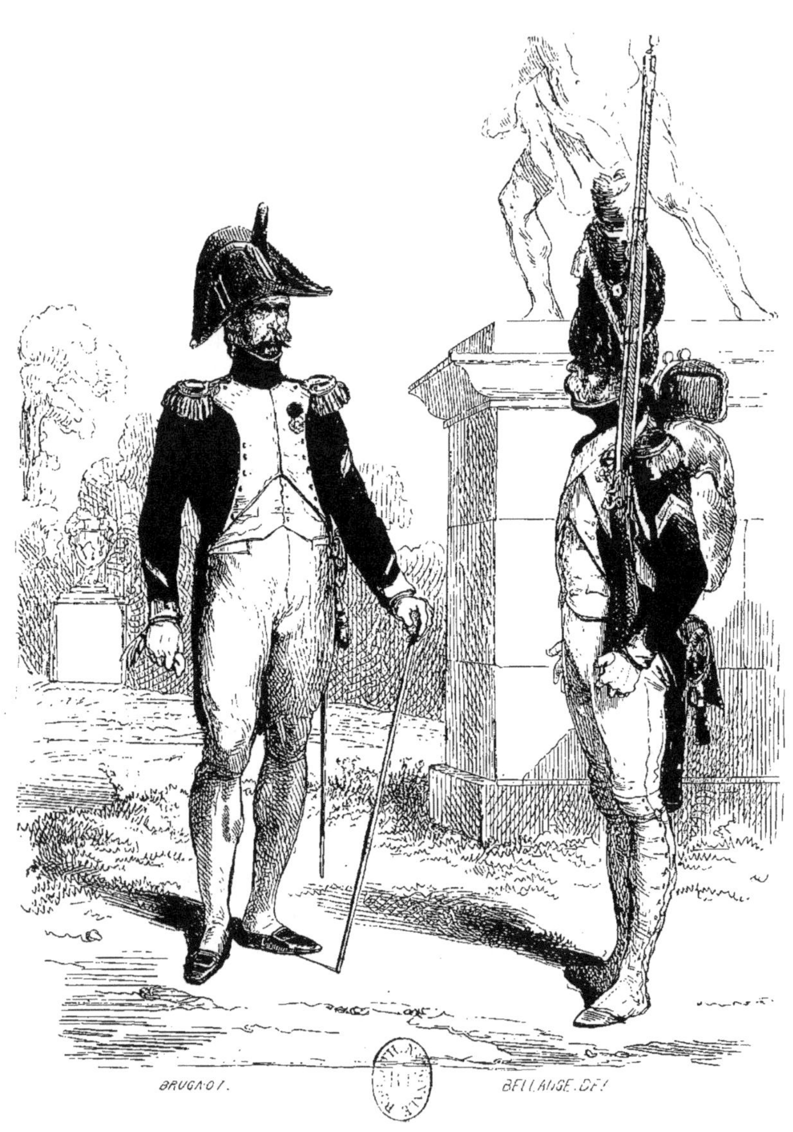

BRUGNOT.   BELLANGE. DEL

Chasseur à pied (grande tenue d'été).

Sergent de Chasseurs à pied (petite tenue d'été).

GARDE.

GARDE IMPÉRIALE.

CHASSEURS A PIED.

1804 — 1814.

E grand uniforme de chasseurs (1) était semblable, pour les couleurs, à celui de grenadiers à pied. Les revers étaient, ainsi que les parements, taillés en pointe; les parements étaient en outre lisérés de blanc; les retroussis garnis d'une grenade et d'un cor de chasse en laine jaune, brodés sur blanc; les épaulettes à franges rouges et corps vert.

Le bonnet sans plaque ni sommet, orné d'un cordon blanc à deux glands; le plumet à sommet rouge et vert par le bas; une aigle couronnée sur la giberne.

(1) (Voyez, pour la formation et l'organisation de ce corps, l'article *Grenadiers de la Garde*)

Dragonne avec un gland rouge et vert.

Le chapeau était garni de doubles cordonnets à la place des galons que portaient les grenadiers.

Les chefs des corps ajoutèrent, aux frais des chasseurs, divers objets de petite tenue, tels que pantalon collant en drap bleu, bottes à la Suwarow pour l'hiver; culotte de nankin, bas de coton et souliers à boucles d'argent pour l'été.

La capote était de drap bleu, à deux rangs de boutons, collet droit et agrafé.

Fusilier grenadier (Garde Impériale).

GRANDE TENUE.

FUSILIERS.

1806 — 1814.

L fut formé, en 1806, deux régiments des bataillons de vélites, attachés jusqu'à cette époque à chacun des deux régiments de grenadiers et de chasseurs de la vieille garde. Ces nouveaux corps prirent la dénomination, l'un de fusiliers-grenadiers, l'autre de fusiliers-chasseurs, et furent les premiers de ce qu'on appela dans la suite la moyenne garde. Ils étaient organisés comme les vieux régiments de grenadiers et de chasseurs.

Il est inutile de dire que ces deux régiments n'étaient point inférieurs en valeur et en discipline à ceux de la vieille garde, dont ils partagèrent constamment la gloire.

Uniforme. — L'habit de fusiliers-grenadiers était le même que celui des grenadiers de la vieille garde : les épaulettes étaient blanches ; le corps coupé dans sa longueur par deux bandes rouges ; ils portaient un schako orné d'une aigle et d'un cordon blanc; le plumet était rouge, la capote gris de fer.

Les fusiliers-chasseurs se distinguaient des premiers par le plumet, qui était vert et rouge; leurs habits étaient ceux des chasseurs; leur capote était bleu foncé. Ils ne portaient pas la queue.

Tirailleur et Voltigeur

GARDE IMPÉRIALE.

TIRAILLEURS ET VOLTIGEURS.

1809 — 1814.

N décret du 16 janvier 1809 ordonna la formation de deux régiments de jeune garde, sous la dénomination de tirailleurs-grenadiers et tirailleurs-chasseurs. Le 25 avril suivant, deux seconds régiments furent créés avec la même désignation. Par décret du 10 février 1811, un troisième et un quatrième régiment de tirailleurs-grenadiers furent ajoutés aux deux déjà existants. Le 24 août de la même année, le nombre des régiments de tirailleurs-grenadiers fut porté à six. Les 10 et 17 janvier 1813, il fut créé d'abord un sixième, puis un quatrième et un cinquième régiment *bis* de tirailleurs-grenadiers. (Les tirailleurs-chasseurs avaient pris, en 1800, la dénomination de voltigeurs-chasseurs.) Enfin, au mois de mai suivant, le total de ces régiments était de treize, trois nouveaux ayant été créés par décret du 5 avril. Le 11 janvier 1814, le nombre des régiments fut porté à seize, par l'incorporation de la garde royale d'Espagne.

Uniforme. — Habit-veste de drap bleu de roi, coupé comme celui de l'infanterie légère ; revers en pointes, liséré blanc ; collet rouge ; parements rouges en pointes, liséré blanc ; doublure des basques en serge rouge, liséré blanc ; pattes d'oie bleues, liséré blanc, prenant naissance dans les plis de la taille ; sur les retroussis, quatre aigles en drap blanc ; pattes d'oie en drap rouge pour épaulettes ;

Veste et pantalon en tricot blanc ;

Guêtres noires en forme de bottes, boutons de cuivre ;

Baudrier et porte-giberne unis ; giberne ornée d'une petite aigle couronnée ;

Schako orné de chaperons en V, en galon blanc, et d'un cordonnet rouge ; plumet blanc et rouge.

Armement. — Fusil à capucines de fer.

Les régiments se distinguaient entre eux par la forme et la couleur des pompons.

Après le 8 avril 1813, l'uniforme des tirailleurs subit quelques changements. Les revers, qui jusqu'alors avaient été coupés en pointes comme ceux des chasseurs, furent remplacés par des revers droits et carrés.

Les schakos à ganses et cordons furent remplacés par des schakos ordinaires, ornés seulement d'une aigle découpée, de jugulaires et d'un pompon rouge en boule pour toute l'arme indistinctement.

VOLTIGEURS. — Les deux régiments de jeune garde créés en 1809, sous la dénomination de tirailleurs-chasseurs, prirent, l'année suivante, le nom de voltigeurs de la garde, ainsi que le régiment de conscrits-chasseurs. Cette création fut ensuite portée successivement jusqu'à dix-neuf régiments.

L'organisation resta la même que celle des tirailleurs.

On se contenta d'ajouter à l'uniforme ce qui distinguait, à cette époque, les compagnies de voltigeurs dans les régiments de la ligne.

GARDE IMPÉRIALE

PUPILLES.

1811 — 1814.

Ar décret du 30 mars 1811, un régiment de jeunes Hollandais, formé par le roi Louis Bonaparte, fut appelé à faire partie de la jeune garde impériale, sous la dénomination de pupilles de la garde. Il devait être d'abord composé de deux bataillons, chaque bataillon de six compagnies de fusiliers, sans grenadiers ni chasseurs; mais, par un second décret, en date du 30 août de la même année, ce régiment fut porté à neuf bataillons; les huit premiers de quatre compagnies de 200 hommes, et le neuvième de huit compagnies de 200 hommes; de sorte que l'effectif était de 8,000 hommes, officiers, sous-officiers et soldats compris, mais non compris les grands et petits états-majors.

En 1813, le régiment des pupilles fut réduit à deux bataillons, et, au complet, de 1,600 hommes; l'excédant forma de nouveaux régiments de tirailleurs-grenadiers et de chasseurs-voltigeurs de la garde.

Uniforme. — L'habit des pupilles de la garde avait la même coupe que celui des tirailleurs et voltigeurs : fond vert, revers, collet et parements en pointes verts, liséré jaune; doublure des basques verte, liséré jaune garni d'aigles jaunes; passe-poil des poches jaune, pattes d'oie, dans les plis, en drap vert, liséré jaune ;

Veste et pantalon blancs; guêtres courtes en tricot noir ;

Schako comme celui des tirailleurs, garni d'un cordon vert; pompon jaune, en boule.

Équipement et armement. —Comme les tirailleurs. Point de sabre.

EUGÈNE DE BEAUHARNAIS,

VICE-ROI D'ITALIE.

UGÈNE DE BEAUHARNAIS naquit le 3 septembre 1781. Il n'avait que quatorze ans lorsque son père, le vicomte de Beauharnais, qui avait servi avec distinction sous les ordres de Rochambeau en Amérique, et qui avait été député aux États-Généraux pour la noblesse en 1789, périt sur l'échafaud révolutionnaire. Sa mère, Joséphine de Beauharnais, étant alors incarcérée, il fut obligé pour exister d'entrer en apprentissage chez un menuisier. Peu de mois après, il fut mis dans un pensionnat à Saint-Germain-en-Laye, et s'y fit remarquer par ses succès, surtout dans les sciences exactes. En 1796, sa mère ayant épousé le général Bonaparte, il embrassa la carrière militaire, et fit ses premières armes en Italie et en Égypte avec un certain éclat. A Marengo, sur le champ de bataille, il fut promu au grade de chef d'escadron des chasseurs de la garde, en récompense de sa valeur dans cette journée. En 1802, nommé colonel de ce même régiment, et général de brigade en 1804, il fut, après l'établissement impérial, élevé à la dignité de prince français, et nommé archichancelier d'État le 1er février 1805. En juin suivant, Napoléon, qui lui portait une affection toute particulière, le nomma vice-roi d'Italie. En 1806, l'Empereur, après avoir déclaré au Sénat qu'il adoptait Eugène comme son successeur à la couronne d'Italie à défaut de descendant direct, lui fit épouser la princesse Auguste-Amélie, fille du roi de Bavière. Dans la guerre de 1809, le vice-roi d'Italie, attaqué dans ses États par l'archiduc Jean, après avoir remporté sur lui divers avantages, gagna, le 14 juin, la bataille de Raab, que Napoléon appela *la petite-fille de Marengo*. A la bataille de Wagram il déploya des talents et un courage qui ajoutèrent à sa haute réputation. Lors de la guerre avec la Russie le prince Eugène eut le commandement du 4e corps de la Grande Armée. Cette campagne lui fournit l'occasion de déployer toutes les qualités d'un grand capitaine. Après le départ de Napoléon et de Murat, il prit à Posen le commandement en chef de l'armée qu'il ramena dans le meilleur ordre possible à Magdebourg. Au début de la campagne de 1813, Eugène commandait l'avant-garde de la Grande Armée; mais bientôt il reçut l'ordre d'aller organiser une armée en Italie entre l'Adige et la Piave, point où l'Empereur, qui prévoyait la défection de l'Autriche, pensait que cette puissance allait porter ses forces; son attitude et ses succès paralysèrent complétement l'Autriche. Toutefois on lui a reproché, on ne sait sur quel fondement, d'avoir négocié secrètement avec Murat, et d'avoir envoyé en 1814 un plénipotentiaire à Châtillon pour y traiter de ses intérêts. Menacé par les intrigues de l'Autriche et craignant la fureur d'un peuple égaré, il se retira à Munich auprès de son beau-père, où il demeura jusqu'à sa mort. La vie toute militaire du prince Eugène ne lui permit guère de donner des soins à l'administration intérieure du royaume qu'il gouvernait; cependant l'Italie retira des avantages sensibles de la domination française : une police vigilante, une justice égale, l'instruction répandue, le commerce vivifié, tous ces bienfaits inconnus avant lui à l'Italie, elle les a depuis appréciés et regrettés.

Grenadier à Cheval.

GARDE IMPÉRIALE.

GARDE IMPÉRIALE.

GENDARMES D'ÉLITE.

1808.

ORSQUE Napoléon eut posé sur sa tête la couronne impériale, il demanda à la gendarmerie des soldats d'élite pour la police de ses palais et de ses quartiers-généraux; c'était une addition nécessaire, indispensable à la nombreuse garde dont il voulut être environné, autant pour sa sûreté que par représentation. Le nouveau corps se composa de deux escadrons, chacun de deux compagnies, au complet de 456 gendarmes.

Uniforme.—Même coupe d'habit que les grenadiers à cheval : revers, parements et retroussis rouges; poches figurées en travers; grenades blanches sur les retroussis, boutons blancs; veste et culotte de peau jaune; bottes à l'écuyère; trèfle et aiguillettes (celles-ci placées à gauche) blanches; bonnet d'oursin à visière en cuir vernis, jugulaires blanches, cordon blanc, au sommet, une grenade blanche sur un fond rouge, plumet rouge et blanc les jours de parade.

Armement et équipement.—Sabre, mousqueton et pistolets comme ceux des grenadiers à cheval; giberne garnie d'une aigle de cuivre; porte-giberne et ceinturon jaunes, bordés d'un galon blanc; plaque de ceinturon blanche, ornée d'une aigle en cuivre; gants jaunes; les marques distinctives des grades en argent.

Le harnachement du cheval était le même que dans les grenadiers à cheval, à l'exception du galon, qui était blanc.

Gendarme d'Élite

GARDE IMPÉRIALE

GRENADIERS A CHEVAL.

1812.

APOLÉON, en s'emparant du pouvoir en 1799, pensa que les simples faisceaux consulaires ne convenaient point à sa position, à l'éclat de sa grande renommée, il voulut de suite être plus imposant que le gouvernement directorial auquel il succédait. La première organisation spéciale de la garde des Consuls (28 novembre 1799) présenta un effectif triple de celui de la garde du Directoire ; deux escadrons de grosse cavalerie en faisaient partie, sous le titre de grenadiers à cheval ; bientôt un troisième escadron fut organisé. Par un arrêté du 23 brumaire an X (14 novembre 1801), les grenadiers à cheval formèrent un régiment de quatre escadrons, chacun de deux compagnies, chaque compagnie de 118 hommes, officiers et sous-officiers compris. La même organisation subsista sous l'Empire jusqu'à l'année 1806, époque où, par décret impérial, le régiment fut augmenté d'un escadron de vélites. Un décret du 1er août 1811, en déclarant qu'il ne serait plus admis de vélites dans les troupes à cheval de la garde, porta à cinq le nombre des escadrons du régiment de grenadiers à cheval, chaque escadron à 250 hommes.

Uniforme.—L'habit des grenadiers à cheval, entièrement semblable à celui des grenadiers à pied, était bleu; collet bleu sans liséré; revers blancs, taillés carrément, sans liséré; parements écarlates sans liséré; pattes blanches à trois pointes; doublure écarlate sans liséré, retroussée, agrafée et garnie de quatre grenades en laine jaune, brodées sur un fond blanc; tour de poche en long, figuré par un passe-poil écarlate; boutons jaunes, portant, sous le régime consulaire, un faisceau de licteur, et sous l'Empire une aigle couronnée; veste blanche; culotte de peau blanche et bottes à l'écuyère; bonnet d'oursin sans plaque, avec jugulaires en cuivre; cordon de laine jaune, au sommet une grenade en laine jaune sur fond rouge; plumet rouge; deux contre-épaulettes, aiguillettes à droite; manteau blanc, avec brandebourgs jaunes et doublure rouge sur le devant; giberne ornée d'une aigle en cuivre; sabre droit avec fourreau en cuivre; mousqueton et deux pistolets; ceinturon avec plaque de cuivre portant une aigle; gants de peau blanche.

Toute la passementerie était en or pour les officiers.

Le harnachement était sellé à la dragonne; housse à pied en drap bleu, bordée d'un double galon de laine jaune, et ornée de couronnes aux angles postérieurs; chaperons à double étage en même drap, bordés de même galon; bride de grosse cavalerie et mors à bossettes portant grenades; filet en laine jaune; rosettes de tête et de queue en laine rouge; frontal en laine rouge; porte-manteau de drap bleu ayant à ses bouts un double galon de laine jaune.

Dragons.

GARDE IMPERIALE.

DRAGONS.

1806 — 1814.

e décret du 15 avril 1806, concernant la nouvelle organisation de la garde impériale, a créé un régiment de dragons organisé comme les régiments de grenadiers et de chasseurs à cheval. Chacun des trente régiments de dragons de la ligne fournit, pour la formation de ce corps, douze hommes ayant dix ans de service. Les sous-officiers et brigadiers furent également tirés de la ligne; les officiers furent nommés par l'Empereur.

L'année suivante, 1807, un second appel de dix hommes par régiment compléta celui de la garde à quatre escadrons.

Il était monté en chevaux bais et alezans.

L'habillement et l'armement étaient les mêmes que ceux des grenadiers à cheval ; mais tout ce qui était bleu chez ces derniers était vert pour les dragons, et le bonnet à poil était remplacé par un casque en cuivre à crinière pendante, orné d'un plumet rouge.

Même manteau que les grenadiers.

En petite tenue, les dragons portaient un pantalon de drap vert et un chapeau comme les grenadiers.

Bottes dites à la Suwarow.

Gendarme d'Élite.

GARDE IMPÉRIALE.

CHASSEURS A CHEVAL.

1801 — 1814.

A seule compagnie de chasseurs à cheval qui était dans la garde du premier Consul avait eu pour noyau les guides qui avaient accompagné le général en chef dans son expédition d'Égypte, et qu'il avait ramenés avec lui. Un arrêté des Consuls, en date du 17 nivôse an X, ayant donné une nouvelle organisation à la garde, la compagnie de chasseurs à cheval devint un régiment à deux escadrons de deux compagnies chacun, la compagnie de 120 hommes, officiers et sous-officiers compris.

Un décret du 29 juillet 1804 porta le régiment de chasseurs à cheval à quatre escadrons de deux compagnies chacun, celles-ci de la même force que les précédentes. L'effectif du régiment était de 968 hommes.

Le nombre des escadrons fut porté à cinq par décret du 1er août 1811 ; chaque escadron de 250 chevaux.

Le 18 janvier 1813, Napoléon décréta que le régiment des chasseurs à cheval serait fort de huit escadrons, chacun au complet de 250 hommes.

L'éloge que nous avons déjà fait de la vieille garde nous dispense de faire celui du régiment des chasseurs à cheval, dont tous les individus étaient des braves éprouvés.

Uniforme. — Dolman de drap vert garni de galons, tresses et franges en laine orange; collet vert, parements écarlate; pelisse écarlate avec galons, ganses, olives et tresses en laine orange; bordure du collet de la pelisse et des manches en fourrure noire; la fourrure des pelisses d'officiers était grise; gilet écarlate avec ganses et galons oranges; pantalon de peau jaune collant; ceinture à nœuds en laine verte et rouge.

Bottes à la hongroise, ornées d'un galon et d'un gland de laine orange;

Sabretache fond vert, représentant les armes de l'Empire, brodées en couleur, portant une aigle en cuivre, et bordée d'un large galon orange;

Colback à flamme rouge avec gland orange, jugulaires en chaînons de cuivre, plumet rouge et vert au sommet.

Les colbacks des trompettes étaient blancs, à flamme amarante.

Les chasseurs, en petit uniforme, portaient l'habit long de drap vert, revers en pointe, doublure du même drap, collet et parements écarlate, en pointe, les retroussis ornés de cors de chasse en laine orange; trèfle et aiguillettes (à gauche) en laine jaune; gilet d'uniforme; boutons jaunes à la hussarde; chapeau comme ceux des chasseurs à pied; plumet rouge et vert;

Porte-manteau vert rond, avec galon orange sur les extrémités;

Selle à la hussarde, garnie de cuivre à l'extrémité postérieure; schabraque en drap vert, avec galon orange et une aigle dans les angles; poitrail portant un cœur en cuivre; bride ornée de cuivre sans bossettes. Les schabraques des officiers étaient en peau de tigre, bordée d'un galon d'or.

Armement. — Mousqueton, sabre courbe à fourreau noir garni de cuivre.

Dragons.

GARDE IMPÉRIALE.

GARDE IMPÉRIALE.

MAMELUCKS.

1804 — 1814.

EN arrivant d'Égypte, Bonaparte forma une compagnie de quelques Mamelucks et Syriens qui l'avaient suivi en France. Ce corps, quoique placé auprès du premier Consul, ne fit point d'abord partie de la garde consulaire; mais à l'organisation de la garde impériale (juillet 1804), la compagnie de mamelucks fut attachée spécialement au régiment des chasseurs à cheval; elle se composait alors d'un état-major français, capitaine-commandant, adjudant-sous-officier, officier de santé, artiste vétérinaire, maître sellier, tailleur et bottier; d'un état-major mameluck : deux capitaines, deux lieutenants en premier, deux lieutenants en second, deux sous-lieutenants, un maréchal-des-logis-chef français; huit maréchaux-des-logis, dont deux français; un fourrier français; dix brigadiers, dont deux français; deux trompettes, quatre-vingt-cinq mamelucks, deux maréchaux ferrants.

Plus tard, l'intrépidité et l'appareil de cette troupe en firent étendre le cadre; des réfugiés de l'Archipel et de l'Asie complétaient, en 1812, un escadron de 200 hommes.

Le costume des mamelucks était celui qu'ils portaient en Égypte; il n'était point uniforme, et variait par les couleurs des pantalons, des vestes et des turbans.

Ils étaient armés de sabres à la turque, de pistolets et de poignards; ils portaient une petite giberne ornée d'une aigle.

Cependant, peu après leur incorporation dans la garde, ils reçurent un uniforme mieux adapté au nouveau climat qu'ils habitaient. C'est celui dont la planche qui accompagne cet article offre le modèle.

Chevau-Légers Lanciers

PREMIER RÉGIMENT. — GARDE IMPÉRIALE

Chevau-Légers (Polonais).

1812.

GARDE IMPÉRIALE.

CHEVAU-LÉGERS-LANCIERS.

1er RÉGIMENT. 1807 — 1814.

E 2 mars 1807, Napoléon ordonna, à Varsovie, la formation d'un pulk, ou corps de cavalerie polonaise de quatre escadrons, pour faire partie de la garde impériale. Tout Polonais, réunissant d'ailleurs les conditions physiques et morales exigées pour le service militaire, noble, bourgeois ou paysan libre, put faire partie de cette création. Le régiment fut définitivement organisé par un nouveau décret à la date du 16 avril suivant.

Chaque escadron était composé de deux compagnies, la compagnie de 120 hommes; l'effectif total du régiment, état-major compris, 968 hommes. Le nombre des escadrons fut porté successivement à sept; mais le dernier ne recevait que la paie de la jeune garde. Un nouveau régiment de lanciers polonais fut créé par décret du 5 juillet 1812. Il devait être de cinq escadrons, prendre rang après le régiment des lanciers rouges; mais cette formation n'eut pas lieu.

Il est inutile de rappeler les brillants exploits des lanciers polonais de la garde. Qui ne connaît pas le beau fait d'armes du Sommo-Sierra, où 15,000 Espagnols furent enfoncés et presque exterminés par un seul escadron de ces braves!

Uniforme.—Veste ou kurtka bleu de roi; collet, revers, parements et retroussis cramoisis; les revers et le collet bordés d'un galon d'argent; passe-poil cramoisi sur toutes les coutures; épaulettes et aiguillette en fil blanc; pantalon descendant sur les bottes, en drap cramoisi, avec bandes de drap bleu;

Boutons blancs;

Bonnet ou schapska cramoisi et cannelé, avec un soleil en cuivre, portant au centre un N couronné; visière garnie d'un cercle en cuivre; chaineton en cuivre et cordonnet de fil blanc; plumet blanc; schabraque bleue galonnée de cramoisi, passe-poil et chiffre blancs; porte-manteau cramoisi, galons blancs; giberne portant une aigle;

Lance à fanion cramoisi et blanc; sabre à la hussarde, avec ceinturon blanc attaché sur l'habit par une plaque portant une aigle.

Les officiers avaient le collet et les revers du kurtka brodés; ils portaient une ceinture en argent à longues franges.

Chevau-Légers Lanciers.

DEUXIÈME RÉGIMENT (GARDE IMPÉRIALE).

CHEVAU-LÉGERS-LANCIERS.

2ᵉ RÉGIMENT. 1810 — 1814.

Par un décret du 15 septembre 1810, Napoléon ayant incorporé la garde royale hollandaise dans la garde impériale, le corps de cavalerie légère du roi Louis forma le deuxième régiment de chevau-légers-lanciers de cette dernière.

Uniforme. — Kurtka écarlate; collet, revers, parements et retroussis bleu impérial, passe-poil bleu sur les coutures des manches;

Deux épaulettes jaunes et aiguillette à gauche; boutons jaunes;

Pantalon passant sur les bottes, en drap écarlate, bordé d'une double bande de drap bleu;

Schapska carré, rouge cannelé, avec un N couronné rayonnant, et un cordonnet de fil blanc ; plumet blanc ; visière bordée en cuivre ; jugulaires en chaîneton de cuivre ;

Giberne portant une aigle ;

Lance à fanion rouge et blanc ;

Sabre à la hussarde avec ceinturon blanc, garni d'une plaque portant une aigle.

L'équipage du cheval comme celui des lanciers polonais.

Porte-manteau rond, en drap rouge ;

Manteau bleu de ciel.

PONIATOWSKI.

L E prince Joseph Poniatowski, ministre de la Guerre du grand-duché de Varsovie, généralissime des armées polonaises, maréchal de l'Empire français, grand-aigle de la Légion - d'Honneur, etc., naquit à Vienne en Autriche, le 7 mai 1766. Il était neveu du roi de Pologne Stanislas-Auguste Poniatowski et fils du prince André, lieutenant-général d'artillerie en Autriche. Il entra à l'âge de seize ans au service de cette puissance, et fit avec distinction la guerre contre les Turcs, sous le général Landon, en 1787. Il était alors colonel des dragons de l'empereur Joseph II. Malgré le brillant avenir que lui promettait cette position, il y renonça sans hésiter lorsque la diète constituante de Pologne entreprit en 1788 de régénérer la nation polonaise par une sage constitution et par l'organisation d'une armée qui devait la soustraire à l'influence étrangère. Le rôle de Poniatowski dans les luttes et les malheurs de sa patrie fut héroïque comme la brave armée qu'il commandait; mais une politique désastreuse perdit cet infortuné pays. Après des guerres sanglantes et réitérées, la Pologne fut vaincue et partagée. Poniatowski rentra dans la vie privée, et s'adonna à l'agriculture, jusqu'à l'arrivée des Français en 1806. Un gouvernement provisoire ayant été formé dans le grand-duché de Varsovie, Poniatowski, nommé directeur de la Guerre, créa une armée qui se signala bientôt par des exploits nombreux. Après que le traité de Tilsitt, en 1807, eut mis le grand-duché sous le gouvernement du roi de Saxe, le prince continua de diriger l'administration de la Guerre avec le titre de ministre. Pendant la guerre de 1809 entre la France et l'Autriche, la Pologne fut soudainement envahie par une armée autrichienne sous les ordres de l'archiduc Ferdinand d'Este. Avec 8,000 hommes, Poniatowski livra aux Autrichiens, forts de 40,000 hommes, la bataille de Raszyn, qui est l'un de ses plus beaux titres de gloire. Une diversion hardie qu'il tenta sur la Gallicie eut les plus heureux résultats; mais le traité de Vienne vint attrister les Polonais par l'abandon des provinces que leur seule valeur avait reconquises. Toutefois le grand-duché de Varsovie agrandi devint une puissance respectable. Ambassadeur du roi de Saxe à Paris, en 1811, lors du baptême du roi de Rome, Poniatowski se concilia la faveur des Parisiens par son port noble et majestueux, ses grâces et sa munificence.

De retour à Varsovie, il prépara l'armée polonaise pour la campagne de 1812, pendant laquelle il eut le commandement du cinquième corps. En 1813 il fut mis à la tête d'un corps franco-polonais. Le soir de la bataille de Leipsick, Napoléon fit annoncer dans tous les rangs « que, voulant donner au prince Poniatowski une dernière marque de sa haute estime en même temps que l'attacher plus étroitement aux destinées de la France, il lui conférait la dignité de maréchal de l'Empire. »

Le 18 octobre, il fit des efforts surhumains pour protéger la retraite de l'armée française. Par une méprise funeste, tous les ponts avaient été coupés par les Français eux-mêmes. En voulant traverser l'Elster sur son cheval, les eaux du fleuve, enflées par les pluies, l'entraînèrent; il y périt le 19 octobre 1813. A la nouvelle de cette mort, le deuil fut universel en Pologne et en France. La mémoire de Poniatowski sera vénérée dans tous les temps par tous les cœurs capables d'apprécier le courage et le patriotisme.

Artillerie à pied et Train d'artillerie.

GARDE IMPÉRIALE.

ARTILLERIE A PIED ET TRAIN.

1809 — 1804.

ERS l'année 1809, Napoléon introduisit pour la première fois l'artillerie à pied dans sa garde en 1809. Trois compagnies de cette arme furent d'abord attachées aux régiments de fusiliers, tirailleurs et conscrits.

L'année suivante, le nombre des compagnies d'artillerie à pied fut porté à huit, sous les ordres du colonel-major Drouot.

En 1812, ces compagnies, augmentées d'une neuvième, furent organisées en régiment, auquel la compagnie des pontonniers-ouvriers resta attachée.

Un second régiment fut créé en 1813, pour être attaché à la jeune garde.

Les bouches à feu servies par le corps d'artillerie à pied et à cheval de la garde étaient au nombre de 198, réparties en vingt-six batteries.

Uniforme.—Le même que celui des grenadiers à pied, avec revers

25

et collet bleus, lisérés de rouge; parements rouges, retroussis rouges, avec grenades bleues; épaulettes et dragonne rouges; veste et culotte bleues; guêtres noires montant au-dessus du genou; bonnet d'oursin sans plaque, avec cordon et plumet rouges; jugulaires en cuivre; au sommet du bonnet une grenade jaune sur fond rouge.

Équipement et armement.—Comme les grenadiers; sur la giberne, deux canons croisés surmontés d'une aigle;

Capote bleu impérial.

TRAIN D'ARTILLERIE. — En vertu de l'art. 31 du décret de l'organisation de la garde impériale, à la date du 15 avril 1806, un bataillon du train fut créé pour l'artillerie de cette même garde. Il était composé de six compagnies; chaque compagnie avait un lieutenant, un sous-lieutenant, et 73 hommes, sous-officiers, soldats, ouvriers et trompettes compris. L'état-major du bataillon était composé d'un capitaine-commandant, un lieutenant adjudant-major, un sous-lieutenant quartier-maître, un adjudant-sous-officier, un artiste vétérinaire et trois maîtres-ouvriers.

Le nombre des chevaux était fixé à 220 pour tout le bataillon en temps de paix, et à 1,000 en temps de guerre.

Uniforme.—Habit-veste en drap gris-de-fer; revers et parements en pointe de même couleur; retroussis garnis de grenades en drap écarlate; boutons blancs. Les officiers et sous-officiers portaient l'habit long.

Gilet gris-de-fer, avec des tresses rouges; pantalon collant, de même couleur, garni de ganses rouges;

Bottes à la russe, avec cordonnet et glands en laine rouge;

Schako ordinaire, garni d'un galon de laine rouge; cordon rouge; grande aigle couronnée, avec jugulaires en cuivre et chaînons de cuivre; visière garnie d'un cercle de même métal; plumet rouge;

Manteau gris-de-fer;

Giberne garnie d'une aigle sur deux canons;

Sabre-briquet d'infanterie, et sabre de cavalerie légère pour les officiers et sous-officiers.

Artillerie à Cheval.
GARDE IMPÉRIALE.

GARDE IMPÉRIALE.

ARTILLERIE A CHEVAL.

1804 — 1814.

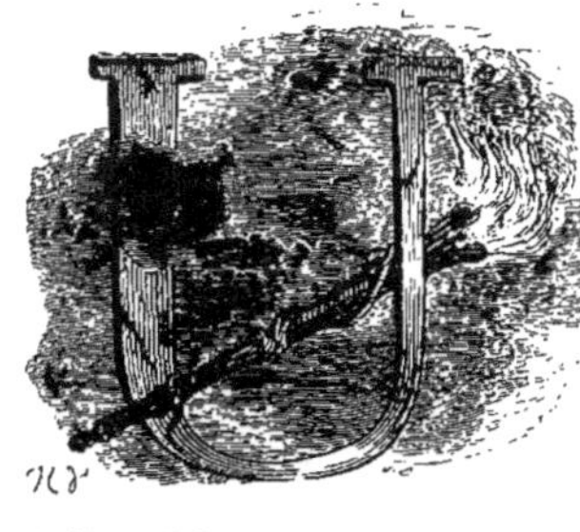

Ne compagnie d'artillerie légère fut attachée à la garde consulaire par décret d'organisation du 28 novembre 1799. Toutefois, il n'y eut d'abord qu'une seule escouade de montée. La nouvelle organisation du mois de février 1801 mit à cheval tous les canonniers; l'effectif de la compagnie était alors de 91 hommes, officiers et sous-officiers compris. Lors de la formation de la garde impériale, l'artillerie légère fut portée à un escadron, formé de deux compagnies, chacune au complet de 98 hommes, tout compris. En 1806, cet escadron fut converti en régiment de trois escadrons; l'escadron de deux compagnies, chacune au complet de 96 hommes. Lors de l'introduction de l'artillerie à pied dans la garde, le régiment d'artillerie à cheval fut réduit à quatre compagnies; mais en 1813 on en ajouta deux autres.

Uniforme.—La même coupe que les chasseurs à cheval; dolman, pelisse et pantalon de drap bleu foncé, ornés de galons, ganses, cordonnets et olives en laine rouge;

Parements rouges au dolman;

Gilet bleu, tresses rouges;

Ceinture bleue et rouge;

Bottes à la hongroise, bordées et ornées d'un gland rouge;

Sabretache fond bleu, portant une aigle sur deux canons croisés, et bordés d'un large galon rouge;

Colback à flamme rouge, plumet rouge.

Le petit uniforme semblable à celui des chasseurs à cheval, mais bleu avec passe-poils rouges; plumet rouge; en été, pantalon de nankin.

Porte-manteau rond en drap bleu garni d'un galon rouge.

L'artillerie à cheval était montée sur des chevaux noirs.

Sapeur du génie

(GARDE IMPÉRIALE).

SAPEUR DU GÉNIE.

1810

Es sapeurs sont des soldats d'élite, qui, organisés en corps, furent d'abord attachés à l'artillerie, et ensuite au génie militaire.

Le gouvernement impérial, par un décret du 16 juillet 1810, créa une nouvelle compagnie de sapeurs du génie attachée spécialement à la garde, et destinée à faire le service des pompes dans les palais impériaux.

La force de cette compagnie était, dans l'origine, de 120 hommes; ce nombre fut porté à 200 en 1812, et à 250 en 1813. A cette époque, l'état-major se composait d'un général de brigade colonel, un major, un chef de bataillon. En 1814, les sapeurs de la garde formaient un bataillon de 400 hommes, divisé en deux compagnies.

24

commandées chacune par un capitaine et deux lieutenants; l'état-major resta le même.

Uniforme.—Habit bleu de même forme que ceux des grenadiers à pied ; collet, revers et parements de velours noir ; épaulettes rouges; casque en fer à queue de renard ; veste et pantalon bleus ; boutons jaunes.

Élève de l'École Polytechnique.

1812.

ÉCOLE POLYTECHNIQUE.

1795—1814.

Près l'établissement de la République, les anciennes écoles militaires qui étaient au nombre de treize furent abolies par un décret de la Convention, en date du 5 septembre 1793.

L'École des travaux publics s'ouvrit le 10 frimaire an III (27 novembre 1794), et le 13 fructidor suivant (1er septembre 1795), elle prit le titre d'École Polytechnique.

Aucun élève ne put y être admis qu'après un examen sur l'arithmétique, l'algèbre, la résolution des quatre premiers degrés, la théorie des suites, la géométrie, la trigonométrie, l'application de l'algèbre à la géométrie, les sections coniques et l'exposition du nouveau système des poids et mesures. Il devait être âgé de seize à vingt ans, justifier d'une bonne conduite, d'attachement aux principes de la Révolution, et répondre sur l'acte constitutionnel.

Trois années seulement étaient fixées pour le cours complet des études. Tous les ans, chaque élève subissait un examen dans lequel son instruction, sa capacité et son travail étaient appréciés.

Le défaut d'aptitude ou d'application était un motif de renvoi.

Une nouvelle organisation de l'École eut lieu sous le régime directorial en 1799.

Le nombre des élèves fut fixé à 300, partagés en deux divisions, l'une de nouveaux, l'autre d'anciens. Tous les ans, l'examen d'admission devait s'ouvrir le 15 septembre et finir le 21 octobre.

Lorsque les élèves avaient reçu l'avis de leur nomination, ils se rendaient à l'École. Ils avaient, dès ce moment, le grade de sergent d'artillerie; ils voyageaient avec feuille de route, logement militaire et indemnité au compte de l'État.

Sous le régime consulaire il ne fut plus question de profession de principes républicains ou constitutionnels; on ne demanda que de la moralité, des connaissances et une aptitude positive; on exigea encore plus d'instruction.

En l'an XI (1803), le premier Consul accorda une faveur particulière à l'armée : les sous-officiers et soldats de l'artillerie, ceux des sapeurs et mineurs qui pouvaient être en état de concourir aux examens, y furent admis jusqu'à l'âge de trente ans, au lieu de vingt-six, comme les autres militaires; mais ils furent soumis, sans distinction, à justifier aussi de deux campagnes de guerre ou de trois ans de service effectif.

Sous le régime impérial, l'École Polytechnique eut un gouverneur.

Dès ce moment les candidats furent à la charge de leurs familles. On exigea d'eux un trousseau, une pension annuelle de 800 fr., et ils durent se fournir à leurs frais de livres de tous genres, règles, compas, crayons, etc.

Uniforme. — Habit bleu, collet et parements de velours noir; passe-poil rouge; revers arrondis, lisérés rouges; retroussis rouges; veste et culotte bleues; guêtres noires; chapeau à trois cornes. auquel a succédé le schako.

Capitaine de Vaisseau.

CAPITAINE DE VAISSEAU.

ous les grades de la marine portaient l'habit bleu, avec collet et parements rouges; boutons jaunes; la broderie et les épaulettes distinguaient les grades. Les amiraux portaient la marque distinctive des officiers-généraux; les capitaines de vaisseau, épaulettes de colonel, neuf boutonnières sur la poitrine et deux au collet; les capitaines de frégate, épaulettes de lieutenant-colonel et six boutonnières sur la poitrine; les lieutenants de vaisseau, boutonnières au collet seulement. Les matelots avaient la veste et le pantalon bleus, gilet rouge et boutons jaunes, chapeau rond en cuir verni, cocarde sur le côté, sabre-briquet. Au moment de l'abordage, on les armait d'une pique, d'une hache d'armes et d'un pistolet. Ils avaient une gargoussière de douze cartouches; le pistolet se portait à droite, et la hache d'arme du côté du sabre.

Marins.

(GARDE IMPÉRIALE)

MARINS DE LA GARDE.

ous la dénomination de marins de la garde, tout au commencement de l'organisation de la garde impériale, il fut formé un bataillon de matelots attachés à ce corps d'élite. Ce bataillon était composé d'un état-major et de cinq équipages. L'état-major était formé d'un capitaine de vaisseau commandant le bataillon ; d'un adjudant-major, enseigne de vaisseau ; d'un quartier-maître trésorier, et d'un officier de santé.

Chaque équipage se composait d'un capitaine de frégate commandant, cinq lieutenants ou enseignes, cinq maîtres, cinq contre-maîtres, cinq quartier-maîtres, cent vingt-cinq matelots de première, deuxième, troisième et quatrième classe, un trompette ou tambour.

Il y avait à Paris un dépôt de marins destiné à tenir constamment au complet les cinq équipages de ce bataillon ; il était composé d'un maître, deux contre-maîtres, trois quartier-maîtres, soixante matelots.

Les marins étaient levés dans les différents quartiers des classes; mais, pour la première formation, ils le furent en partie dans ceux du Midi et de l'île de Corse.

Uniforme. — Paletot de drap bleu, en forme de dolman, orné de tresses en laine orange; collet bleu; parements rouges; gilet à la hussarde en drap rouge, tressé en orange; pantalon bleu large, avec un galon de laine orange sur les coutures et un nœud hongrois sur les devants; capote de drap bleu; schako évasé, bordé d'une ganse orange, et surmonté d'un plumet rouge; boutons jaunes.

Les maîtres, contre-maîtres et quartier-maîtres portaient les mêmes distinctions de grade que les sous-officiers de cavalerie de la garde, auxquels ils étaient assimilés, savoir :

Maître, comme maréchal-des-logis chef;

Contre-maître, comme maréchal-des-logis;

Quartier-maître, comme brigadier.

L'habillement des trompettes était le même que celui des marins.

Les officiers portaient l'uniforme de leur grade, avec les épaulettes et les aiguillettes en or.

Armement. — L'armement était de trois espèces. Un tiers du bataillon était armé de sabres, un tiers de haches, et un tiers de piques : ils portaient des pistolets à la ceinture. A partir de 1812, ils furent tous armés de fusils.

Il y avait six compagnies d'ouvriers de la marine, qui avaient la même organisation que celles des ouvriers de l'artillerie et du génie. Ces compagnies furent organisées en bataillon, et entrèrent en ligne en 1812.

Régiment des dromadaires, 1798.
ARMÉE D'ÉGYPTE.

RÉGIMENT DES DROMADAIRES.

1799.

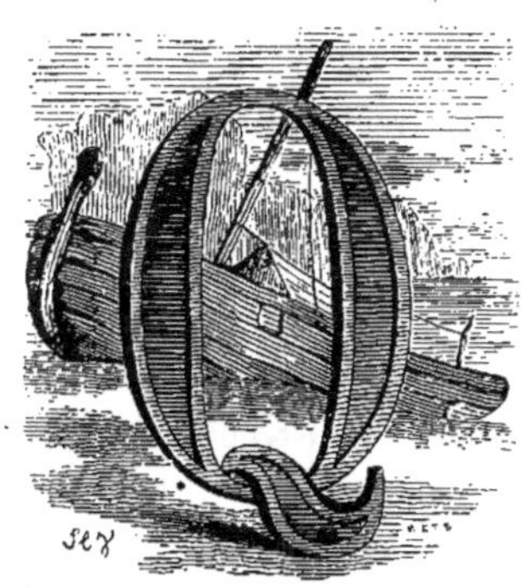

UELQUE temps après la révolte du Caire, Bonaparte, général de l'armée française en Égypte, voulant mettre un frein aux incursions continuelles des Arabes Bédouins, qui venaient jusque dans les faubourgs de cette capitale commettre des vols et des assassinats, et qui échappaient aux poursuites de la cavalerie française, en raison de la vitesse supérieure de leurs chevaux, choisit dans les régiments de l'armée les hommes reconnus pour être les plus hardis et les plus intrépides, et en forma un corps particulier, auquel il donna des dromadaires pour montures. Cette espèce de chameau marche avec une vitesse non moins remar-

quable que celle des chevaux arabes, et se prête avec docilité à
toutes les manœuvres qu'on veut lui faire exécuter. Les dromadaires, exercés par les Français, remplirent les espérances que le
général en chef avait conçues de leur utilité. Deux hommes placés
dos à dos montaient le même dromadaire, qu'on chargeait en outre
de munitions et de vivres pour plusieurs jours. Lorsqu'une tribu
arabe, dans les engagements fréquents qui avaient lieu autour du
Caire, était parvenue à échapper à la poursuite de la cavalerie ordinaire, on mettait à ses trousses le corps des dromadaires, et comme
cet animal peut aisément fournir une course de 12, 15 et même
20 heures sans s'arrêter et sans prendre de nourriture, il était rare
que le détachement n'atteignît point les Arabes, dont les chevaux ne
pouvaient supporter une si longue fatigue. Lorsque les Français
avaient joint leurs ennemis de cette manière, ils s'étudiaient particulièrement à entourer la horde entière. Les dromadaires, fléchis-
sant alors les genoux, permettaient à leurs cavaliers de descendre
avec leurs armes, d'attaquer les Arabes, et de prendre souvent à la
fois hommes, femmes, enfants et bestiaux. De nombreux succès
justifièrent l'emploi de ce nouveau moyen militaire, qui épouvanta
les Bédouins, les força de renoncer à leurs incursions aux environs
du Caire et des autres postes où se trouvait le corps des dromadaires, et à implorer une trêve, qu'ils rompirent rarement par la
suite.

Le général Desaix voulut se servir du même moyen dans la
Haute-Égypte, pour atteindre et anéantir enfin Mourad-Bey, qui,
toujours vaincu et mis en fuite, semblable au géant de la Fable,
après avoir touché le sol du désert, revenait sur les bords du Nil
avec une nouvelle vigueur. Il réunit à cet effet deux à trois cents
dromadaires, et choisit un nombre égal de soldats dans les différentes armes de sa division pour monter ces infatigables animaux.
L'adjudant-général P. Boyer eut le commandement de ce nouveau
corps. Mais Mourad-Bey, bien que poursuivi et harcelé sans relâche,
sut constamment lui échapper. Après une campagne aussi longue
que pénible, presque toujours dans le désert, la colonne de P. Boyer

revint à Syout, sans avoir obtenu d'autre résultat que la mort de quelques mamelucks et d'un certain nombre de chevaux.

Les dromadaires du général Desaix servirent à augmenter le régiment déjà créé au Caire, et qui fut porté successivement jusqu'à 700 de ces animaux; à la formation, le nombre ne s'élevait pas à plus de 100. Les hommes qui montaient les dromadaires étaient recrutés dans les corps d'infanterie, combattaient comme fantassins, et en avaient l'organisation. Lorsqu'ils mettaient pied à terre, ils entravaient les animaux et les pelotonnaient tous ensemble, en laissant au centre un espace vide, où se plaçaient quelques soldats, comme dans une redoute, pour les garder; le surplus de la troupe évolutionnait en raison des circonstances. Le corps des dromadaires était commandé par un colonel, et son organisation était du reste celle d'un bataillon d'infanterie. Deux compagnies formaient une division.

Uniforme. — Lors de la première organisation, le régiment des dromadaires était habillé en gris avec le turban et le manteau arabe. C'est dans ce costume qu'ils firent la campagne de Syrie. L'uniforme qui leur fut donné ensuite eut un caractère plus français : dolman bleu-clair, avec collet et parements écarlates; gilet et pantalon de même couleur; agréments blancs; schako en feutre avec visière. En grand uniforme, ils portaient par-dessus le dolman une espèce de cafetan écarlate descendant au genou, galonné à la hussarde, sans collet; manches courtes bordées de fourrure; la ceinture se portait alors en dessus. On joignait à cet habillement un large manteau arabe en drap blanc.

Armement. — Giberne d'infanterie, sabre de hussard, sabretache en cuir noir, fusil de dragon.

L'équipement et le harnachement étaient ceux du pays.

Tambour.

Tambour-major des Grenadiers à pied.

Timbalier de Chevau-Légers Polonais.   Trompette des Chasseurs à cheval

GARDE IMPÉRIALE. 1812.

SAPEURS, TAMBOURS, CORNETS,

TIMBALIERS ET TROMPETTES.

ᴅᴀɴs que nous ayons jugé nécessaire de donner des gravures de tous les uniformes indiqués en tête de cet article, nous avons cependant pensé qu'il ne serait pas inutile d'entrer dans quelques détails à ce sujet.

Infanterie. — Les tambours et cornets étaient habillés, dans l'origine, comme les corps auxquels ils appartenaient, avec cette différence qu'ils portaient des galons (en or pour l'infanterie de ligne, et en argent pour l'infanterie légère) autour du collet, des parements, et des nids d'hirondelle qui garnissaient les épaules : ces diverses parties de l'habillement étaient en drap rouge.

D'après le décret du 19 janvier 1812, les tambours et cornets reçurent des habits verts, avec le haut du collet, les poches, le bord des retroussis et le devant de la poitrine garnis d'un galon vert foncé portant une aigle et un N de couleur verte sur un écusson jaune; les manches étaient couvertes de sept chevrons du même galon, cousus à égales distances.

Cavalerie. — Les trompettes portaient, antérieurement à 1812, dans presque toutes les armes, l'habit de la couleur distinctive du régiment dont ils faisaient partie. Le décret du 7 février 1812 leur donna des habits verts galonnés comme ceux des tambours; mais ils suivirent la coupe adoptée pour chaque arme.

Garde impériale. — Le luxe dans l'uniforme des sapeurs, tambours-majors, tambours, timbaliers et trompettes fut porté dans la garde impériale au plus haut point. A l'époque du mariage de Napoléon avec Marie-Louise d'Autriche, on donna aux sapeurs des uniformes galonnés sur toutes les coutures; ceux des tambours-majors de la vieille garde passent ce que l'imagination peut se figurer de plus riche : l'or, l'écarlate, le blanc, couvraient toutes les parties des vêtements.

Infanterie. — Les tambours portaient l'uniforme de la garde, avec un galon d'or au collet, aux parements et à la taille.

Cavalerie. — La cavalerie comptait, parmi ses trompettes, un timbalier que l'on choisissait ordinairement jeune et d'une figure régulière. Il était habillé selon le goût du colonel, mais avec toute la recherche et la magnificence possibles.

Gendarmerie d'élite, grenadiers à cheval. — Les trompettes de ces deux corps étaient en bleu de ciel et amarante.

Dragons. — Ceux des dragons en blanc et bleu de ciel, casque à crinière blanche.

Chasseurs à cheval. — Leurs trompettes étaient en cramoisi et bleu de ciel, colback blanc, à flamme cramoisie.

Lanciers polonais. — Ceux des lanciers polonais étaient en cramoisi et argent.

Lanciers rouges. — Ceux des lanciers rouges en blanc, écarlate et or.

Invalide.

1812.

INVALIDES.

usqu'en l'année 1597, les officiers et soldats des armées françaises qu'un âge avancé ou de graves blessures avaient rendus incapables de continuer leurs services, étaient relégués dans les abbayes de fondation ou de nomination royale. Ils y portaient le nom de *religieux-lais* ou *oblats*, et étaient tenus à un service presque vil; souvent même ils se voyaient forcés de recourir à l'autorité du monarque pour qu'il les fît jouir de la vie tranquille, de l'entretien et de la subsistance qui leur avaient été promis, et qu'ils avaient achetés par leurs services. Comme il arrivait, d'ailleurs, que des bénéficiers, surprenant la munificence royale, faisaient nommer quelquefois leurs valets aux places d'oblats; que des militaires qui n'avaient pas mérité ces mêmes places les obtenaient aussi de préférence à ceux qui y avaient les droits les mieux acquis, et qui non-seulement restaient sans récompense, mais manquaient souvent d'asile, de vêtements et de pain. Henri IV, instruit de cet ordre de choses, et touché d'une juste compassion pour les dignes compagnons de ses victoires, leur ouvrit, en 1597, une retraite dans la maison royale de Charité chrétienne, et affecta à leur subsistance et entretien les revenus de cette maison, auxquels d'autres fonds furent ajoutés trois ans plus tard. A la mort de ce grand prince, l'établissement fut supprimé, et les militaires vétérans renvoyés dans les monastères où ils avaient été admis précédemment. Le cardinal de Richelieu rétablit, en 1633, la maison de Charité chrétienne sous le nom de Commanderie de Saint-Louis. Enfin, en 1674, Louis XIV créa l'hôtel royal des Invalides.

Avant la Révolution, les invalides se divisaient en deux classes : la première se composait de soldats vétérans encore susceptibles d'un service sédentaire ; ils étaient organisés en compagnies détachées, et affectés à la garde des places de guerre, citadelles, forts et châteaux du royaume. La seconde classe comprenait les invalides retirés dans les provinces et y jouissant d'une pension de retraite, et ceux résidant dans l'hôtel, à Paris.

Napoléon établit, sous l'Empire, deux succursales de l'hôtel des Invalides, l'une placée à Louvain, et l'autre à Avignon.

Depuis la création du corps des vétérans, il n'y avait plus de compagnies d'invalides détachées ; celles qui restaient organisées dans l'hôtel furent chargées du service et de la police intérieurs.

Uniforme.—Chapeau à trois cornes, habit bleu sans revers, parements et retroussis rouges, culotte bleue, guêtres noires.

L'Empereur.

L'EMPEREUR.

 ous les corps de l'armée française, dont on vient de passer la revue, ont été ou institués, ou réorganisés, et tour à tour ou tous à la fois commandés par l'Empereur.

Napoléon Bonaparte naquit le 15 août 1769, à Ajaccio.

En 1777, il entra à l'École Militaire de Brienne.

En 1784, il passa à l'École Militaire de Paris, d'où il sortit en 1785, avec le grade de lieutenant en second d'artillerie au régiment de La Fère.

Après la Révolution, il fut promu, en 1792, au commandement provisoire d'un corps de gardes nationales levé en Corse pour le maintien de la tranquillité; plus tard, il fit partie d'une expédition envoyée contre Paoli, qui avait insurgé la Corse.

Au retour, il passa successivement au grade de lieutenant en premier et à celui de capitaine.

La trahison ayant livré Toulon aux Anglais, il fut nommé par les commissaires de la Convention chef de bataillon commandant l'artillerie dirigée contre cette ville.

Le 15 décembre, jour de la reprise de Toulon, il reçut des représentants du peuple le grade de général de brigade commandant l'artillerie de l'armée d'Italie en récompense de ses services pendant le siége.

Arrêté à Nice comme terroriste après le 9 thermidor, il fut remis bientôt après en liberté, rendu à son poste et ensuite privé d'emploi.

Lors de l'insurrection de Paris contre la Convention, on l'adjoignit à Barras pour défendre la République menacée. Vainqueur de la contre-révolution, cette victoire et la protection de Carnot et de Barras le firent nommer commandant en chef de l'armée d'Italie en 1796.

En 1797, le 17 octobre, il signa le traité de Campo-Formio, qui termina la guerre contre l'Autriche.

Il alla ensuite présider la légation française au congrès de Rastadt.

Il commanda l'expédition d'Égypte, revint en France, en 1799, abolit le Directoire le 18 brumaire, et fut proclamé Premier Consul le 24 décembre de la même année.

En 1802, il est Consul à vie.

En 1804, le 18 mai, Empereur.

Le 26 mai 1805, il est couronné à Milan roi d'Italie.

Le 11 avril 1814, l'Empereur abdique.

Il revient de l'île d'Elbe, le 1er mars 1815, reprend le trône le 20 du même mois et abdique de nouveau le 22 juin.

Il mourut à Saint-Hélène le 5 mai 1821.

Ses restes ont été transférés aux Invalides le 15 décembre 1840.

TABLE DES MATIÈRES.

F I N.

9 782014 439328